잘나가는 이 대리
죽 쑤는 이 과장

잘나가는 이 대리 죽 쑤는 이 과장

1판 1쇄 발행 2013년 4월 1일
1판 2쇄 발행 2013년 4월 15일
1판 3쇄 발행 2013년 5월 15일
1판 4쇄 발행 2017년 5월 15일

지은이 왕영철
펴낸이 金泰奉
펴낸곳 한솜미디어
등 록 제5-213호

편 집 박창서, 김주영, 김수정
마케팅 김명준
홍 보 김태일

주 소 (우05044) 서울시 광진구 아차산로 413(구의동 243-22)
전 화 (02)454-0492(代)
팩 스 (02)454-0493
이메일 hansom@hansom.co.kr
홈페이지 www.hansom.co.kr

ISBN 978-89-5959-346-0 (03320)

*책값은 표지에 표시되어 있습니다.
*잘못 만들어진 책은 구입하신 서점에서 친절하게 바꿔드립니다.

직장생활에서 실패하지 않는 절대 성공요소

잘나가는 이 대리
죽 쑤는 이 과장

왕영철 지음

한솜미디어

머리말

필자는 34년 동안 직장생활을 하면서 사원이었을 때 낯선 사회생활에서 처음으로 맛보아야 했던 역경과 고민이 많았습니다. 리더가 되었을 때는 부하 직원들과의 관계 설정의 어려움을 경험했고, 임원이 되었을 때도 인재를 발굴하는 데 어려움을 경험하면서 이래저래 많은 시행착오를 겪었습니다.

직장과 관련해서 발생한 고민은 가족과 친구들이 위로의 말은 해줄 수 있어도 해결책을 줄 수 없습니다. 왜냐하면 가족과 친구가 자신이 일하는 회사에서 일어나고 있는 모든 상황을 그대로 이해하는 것이 불가능하고 고민하는 당사자도 자신의 입장에서 전달하는 경향이 있기 때문입니다. 물론 함께 일하는 동료나 상사와 허심탄회하게 논의하는 것은 매우 바람직하지만, 자신의 고민을 사실대로 말하면 생각하지 못한 불이익이 발생할 수 있다는 생각에서 현실적으로 만족스런 답을 얻기가 쉽지 않습니다.

그래서 오래전부터 '후배 직원들이 시행착오를 겪지 않으면서 직장생활에 잘 적응하여 성공할 수 있는 직원으로 만들기 위해서는 필자의 역할이 무엇일까?'라는 생각을 하면서 직원들에게 많은 조언도 하고 강의도 하였습니다. 또한 신입사원들이 입사하거나 조직 책임자들로 임명될 때 이 책의 내용으로 강의를 해주곤 하였습니다. 전반적으로 교과서 같은 어려운 내용보다는 필자의 경험을 위주로 전달하였기 때문에 직원들의 마음을 움직여 실천하게 하는 데 효과적이었습니다. 그러나 강의는 시간과 공간의 제약이 있으므로 보다 많은 직장인들을 위해서 책을 쓰기로 마음을 갖게 되었습니다.

 필자가 생각하고 있는 내용을 독자들에게 효과적으로 전달하기 위하여 책을 어떻게 써야 할지에 대하여 생각을 많이 해보았습니다. 우선 시중에 나와 있는 직장인에 관한 많은 책들을 찾아보았습니다. 하나같이 직장인들이 알아야 할 좋은 내용들이었는데 일부는 너무 많은 내용을 전달하려다 보니까 마치 직장 상사나 선배 직원들로부터 듣는 잔소리로 오해할 수도 있겠다는 생각이 들었습니다. 책의 내용을 읽을 때는 머리를 끄덕이겠지만 읽고 난 후에 과연 그대로 실천하는 독자가 얼마나 될까 하는 의문과 직장인이 처한 상황이 각기 다르기 때문에 책이 전달하고자 하는 내용이 저자의 의도와는 다를 수도 있겠다는 생각도 들었습니다.

 그래서 필자는 '구슬이 서 말이라도 꿰어야 보배'라는 생각으로 독자들이 책을 읽은 후에 하나라도 자신이 직접 실천해 보겠다는 생각이 들면서 기억하기 쉽도록 심플하고 의미 있는 메시지로 구성하였습니다. 또한 어떤 요소가 중요하다면 중요한 이유와 어떻게 해야 하는지에 대한 방법을 제시함으로써 독자가 스스로 고기 잡는 방법을 터득하여 실천하는 데 도움이 되도록 하였습니다. 이와 동시에 각각에 대하여 필자의 실제 경험담을 넣어서 이해를 쉽게 하고 실감이 나도록 하였습니다.

또한 카페(카페명 : 잘나가는 이 대리 http://cafe.naver.com/3keys)를 개설하여 이 책과 카페를 온오프라인으로 연결하여 독서 후 실천한 사항, 경험과 고민을 독자들 간에 공유하도록 해서 이 책에서 끝나지 않고 지속적으로 독자들의 직장생활에 보탬이 되도록 하였습니다.

일반적으로 직장에서 시간이 가면 대리나 과장까지는 진급을 하겠지만 과장 이후로는 역량과 잠재력에 있어서 한계를 뛰어넘어야 가능합니다. 이때 한계를 넘느냐 못 넘느냐 하는 것은 입시해서 대리나 과장까지 어떠한 기본기를 갖추고 어떤 자세로 일을 했는지에 달려 있습니다.

그래서 필자는 이 책을 통하여 직장인들을 '잘나가는 이 대리와 죽 쑤는 이 과장'의 두 그룹으로 나누어 그들의 공통점과 차이점이 무엇인지에 대하여 찾아보고 직장인의 입장에서 가장 기본이 되고 맥에 해당하는 요소만 추려내어 정리하였습니다.

독자들의 산업과 직종에 따라 약간씩 차이가 있을 수 있지만 공통적으로 적용되는 항목들을 중심으로 정리하였으므로 책의 내용을 자신의 상황에 맞게 적용해 보면 쉽게 공감이 갈 것입니다.

　필자는 과거에 LG전자와 IBM에서 솔루션, 제품 및 서비스를 고객에게 판매하는 영업직에 주로 있었고, GS리테일에서는 현업 부서를 지원하는 CIO(Chief Information Officer : 정보 통신 최고 책임자) 업무와 물류 업무를 맡은 바 있습니다. 그 외에도 교육, 전략, 재무, 마케팅, e-비즈니스 등의 다양한 업무를 경험하였기 때문에 여러 부서의 업무를 종합적으로 고려하면서 내용을 기술하였습니다.

　얼마 전에 화두가 되었던 넛지 이론이 있습니다. 넛지(Nudge)란 "팔꿈치로 슬쩍 찌르다"라는 뜻으로 미국의 행동 경제학자 리처드 탈러와 캐스 선스타인의 저서로 유명해졌습니다. 넛지 이론의 핵심은 팔꿈치로 슬쩍 대는 것처럼 부드럽고 작은 변화를 주어 긍정적인 변화를 만들어내는 것입니다.
　암스테르담 공항의 화장실은 항상 지저분하였습니다. 우리나라 남자 화장실에도 가보면 "남자가 흘리지 말아야 할 것은 눈물만이 아니다"라고 적혀 있는 것을 보면 세계 공통 문제인 것 같습니다. 그래서 남자 변기에 파리 모양의 스티커를 붙여놓았더니 그것으로 인하여 화장실이 한층 청결하게 되었다는 것입니다.

다른 예도 있습니다. 건물에 엘리베이터가 하나밖에 없어 항상 줄을 서야 하기 때문에 고객들의 불만이 많았습니다. 불만을 없애기 위하여 조사를 하였는데 엘리베이터를 몇 대 더 설치하자는 의견이 나왔습니다. 그러나 이미 사용 중인 건물에 추가로 엘리베이터를 설치하는 것이 쉽지 않아 대신 엘리베이터 옆에 대형 거울을 놓았더니 고객들이 기다리는 동안 거울을 보면서 불만이 많이 해소되었다는 것입니다.

이 책에서는 넛지 이론의 내용처럼 특별한 것이 아니지만 직장과 사회생활에서 좀 더 성공할 수 있는, 사소하지만 매우 중요한 기본에 관한 내용을 전달하고자 합니다. 이 책을 읽으면서 자신을 되돌아보고 부족한 부분을 일부라도 개선하고자 결심하고 실천까지 하게 된다면 앞으로 자신의 직장생활에 큰 도움이 될 것이라 확신합니다.

끝으로 지금까지 필자가 직장생활을 하는 과정에서 멘토 역할을 해주신 분들이 많은데 특히 허승조 부회장님, 강말길 부회장님, 오창규 회장님, 김형회 사장님, 신재철 사장님, 김춘상 사장님, 이동윤 사장님과 이영호 사장님께 진심으로 감사드립니다. 필자가 이 분들과 같은 훌륭한 멘토들을 만나지 못했다면 아마 이 책을 쓰지 못했을 것입니다.

   그리고 34년간 직장생활에 전념할 수 있게 내조해 주고 격려해 준 사랑하는 아내와 항상 최선을 다하고 있는 사랑스런 딸 내외와 아들, 존경하는 어머님과 누님 내외분, 믿음직한 동생 내외에게 진심으로 감사의 마음을 전하고 나의 첫 번째 출간에 대한 기쁨과 보람을 함께 나누고자 합니다.

왕영철

일러두기

이 책을 읽으면서 몇 가지 사항을 전달하고자 합니다.

1. 이 책은 소설 책 보듯이 틈틈이 여러 번에 나누어 보면 효과가 없습니다. 책의 내용을 강의 형태로 썼기 때문에 부록을 제외한 본문 내용을 연속해서 볼 수 있는 시간을 잡아서 한 번에 읽어보는 것을 권장합니다. 이를 위해서 내용을 가능한 함축하여 전체 페이지 수를 줄였고 중간 중간에 요약하는 페이지를 삽입하였습니다.
2. 일반적으로 내용을 전달하는 일반 책과는 달리 이 책은 직장인들에게 기본을 알려주는 것뿐만 아니라 이를 실제로 적용하여 실천하게 한다는 것이 목적입니다. 이를 위하여 본문을 읽고 자신이 개선해야 할 몇 가지 사항을 생각해 보는 양식을 포함하였습니다. 독자께서는 부록에 있는 양식을 이용하여 직접 작성해 보시기 바랍니다.
3. 독자들의 실천에 보다 많은 도움을 주기 위해서 전용 카페를 만들었습니다. 직접 방문하여 활용해 보시기 바랍니다. 직장 체험담을 공유하고 양식을 다운로드 받고 직장생활에 대한 질문을 남길 수 있습니다.

카페명 : 잘나가는 이 대리

http://cafe.naver.com/3keys

4. 사원들이 제대로 실천하기 위해서 리더의 지원이 필수적입니다. 그래서 각 요약 페이지에 '리더들을 위한 팁'을 두어 각 단원의 내용과 관련하여 리더들이 해주어야 할 내용을 정리하였습니다. 리더들은 본문을 읽은 후 '리더들을 위한 팁'을 읽고 실천하면 부하 직원들로부터 존경받는 리더가 될 것으로 확신합니다.

5. 독자들이 내용을 쉽게 이해하도록 필자의 경험담을 넣었습니다. 그런데 필자가 컴퓨터와 유통 회사에서 근무했기 때문에 이와 관련된 내용이 많습니다. 전문 용어 등으로 인하여 가혹 내용이 이해가 안 될 수도 있는데 그대로 넘어가도 큰 문제는 없습니다.

6. 이 책을 여러 번 정독하면 직장생활에 많은 도움이 될 것입니다. 그리고 매년 한 번씩 이 책을 읽으면서 자신이 직장생활에서의 기본을 잘 지키고 있는지 중간 점검을 하면 효과가 더 클 것이라고 봅니다.

이 책을 통하여 독자들이 자신의 1% 부족한 점을 보완할 뿐만 아니라 수록된 사례를 통해 독자들의 업무에 조금이라도 도움이 될 수 있다면 필자는 직장 선배로서 큰 보람으로 생각하겠습니다.

마지막으로 직장생활을 하면서 직원들이 고민하는 내용들을 다음과 같이 정리해 보았습니다. 다음 내용 중에서 해당되는 사항이 있다면 여러분들의 고민에 대한 원인을 찾아보고 고민을 해결하는 데 분명히 도움이 될 것입니다.

✓ **비전**
- 회사를 다니면서 보람이 없다.
- 회사를 옮기고 싶다.

✓ **진로**
- 신입사원일 때 무엇이 중요한가?
- 중견사원일 때 무엇이 중요한가?
- 10년 후의 진로가 걱정이 된다.
- 학벌이 좋지 않아서 진로에 영향을 주고 있다.
- 지금 하고 있는 일이 적성에 맞지 않는다.

- 지금의 직장생활은 처음부터 잘못된 것이 아닐까?

✓ **조직**
- 회사생활이 즐겁지 않다.
- 잘못된 일을 보고할 때 혼이 날 것 같아 사실대로 보고하기가 망설여진다.
- 함께 일하는 직장 상사가 싫어서 회사를 옮기고 싶다.

✓ **인간관계**
- 인간관계가 좋지 않아 조직 적응이 안 된다.
- 동료들이 점심 먹으러 가면서 나를 부르지 않는다.
- 조직에서 외톨이처럼 느껴진다.
- 직장에 싫은 사람들이 많고 싫은 사람은 보기 싫다.
- 매년 다면 평가 점수가 좋지 않다.
- 회사에 출근하기 싫은 날이 많다.
- 다른 부서와 업무 협조가 잘 안 된다.

✓ **업무**
- 일을 열심히 하는데 성과가 나지 않는다.

- 회의 시간에 회의 내용 중 무엇이 핵심인지 파악이 잘 안 된다.
- 회사 업무 절차에 문제가 많은데 어디서부터 무엇을 개선해야 할지 모르겠다.
- 내가 어떤 일을 하면 비용만 많이 쓰고 효과가 없다고 한다.
- 어려운 일에 도전하기 전에 실패에 대한 두려움이 앞선다.
- 바빠서 창의적인 혁신을 할 시간이 없다.
- 일이 너무 많고 바빠서 정리가 안 되고 무엇을 먼저 해야 할지 정신이 없다.
- 잘 챙기지 못하여 중요한 일을 놓치는 경우가 종종 있다.
- 직장생활에 여유가 없다.
- 아이디어가 생각나지 않는다.
- 동료들로부터 잘했다는 칭찬을 듣지 못한다.

✓ 스킬
- 나에게 어떤 스킬이 중요한지 모르겠다.
- 시간이 없어서 자기 개발을 못한다.
- 프레젠테이션이 부담이 된다.

✓ 보수
- 나의 실적과 역량에 비하여 연봉이 적다.

- 연봉이 적어 회사를 옮기고 싶다.

✓ **고객**
- 고객으로부터 받는 스트레스가 크다.
- 고객이 컴플레인을 할 때 직접 만나기가 싫다.
- 불만 많은 고객은 정말 싫다.

✓ **가정과 건강**
- 바빠서 건강에 신경 쓰지 못한다.
- 가정에 시간을 못 내어 가족들의 불만이 크다.

※ 카페를 찾아가는 방법

네이버 ID만 있으면 카페에 가입할 수 있습니다.

1) PC : 인터넷 주소 'http://cafe.naver.com/3keys'로 찾거나 네이버 카페에서 '왕영철'이나 '잘나가는 이 대리'를 검색합니다.
2) 스마트폰 : 다음 QR코드를 스캔합니다.

차례

머리말 _ 4
일러두기 _ 10

1장. 주인의식(ownership) ……………………………… 21

01. 약속의 힘 – 신뢰의 시작이다 …………………………… 28
　복잡하고 중요한 일일수록 많은 약속으로 구성되어 있다 _ 30
　신뢰는 불가능을 가능으로 바꾼다 _ 32
　약속은 마음만 먹으면 지킬 수 있다 _ 33

02. 끈기 – 안 되는 일을 되게 하다 ………………………… 34
　끝을 보겠다는 의지가 중요하다 _ 34
　끈기는 상대방을 감동시키는 힘이 있다 _ 37
　위기를 기회로 만든다 _ 38

03. 책임감 – 신뢰를 유지한다 ……………………………… 40
　책임감은 나의 반성으로부터 시작된다 _ 40
　요청하면 바로 응답해야 한다 _ 42

04. 창의와 혁신 – 회사를 건강하게 한다 ………………… 45
　기업은 한정된 자원으로 최대의 효과를 얻어야 한다 _ 45
　고정관념이 창의 활동을 방해한다 _ 48
　창의적 활동으로 모순을 제거해야 한다 _ 50

05. 선행적 사고 – 리스크를 줄이고 가치를 더한다 ……… 53
　선행적 활동으로 장래의 리스크를 줄이고 가치를 더할 수 있다 _ 53
　열심히 하는 것도 중요하지만 맥을 짚어 잘해야 한다 _ 60

2장. 가치 창출(value added) ······ 69

01. 스킬 – 고객을 리드하는 힘 ······ 71
스킬은 OJT나 실무에서 익히는 것이 중요하다 _ 72
스킬 개발의 주책임은 자신이고 회사, 팀장의 공동 책임이다 _ 74
어학을 게을리 하면 장래 좋은 기회를 놓칠 수 있다 _ 82

02. 비즈니스 요구사항 – 투자비용의 최적화 ······ 84
비즈니스 요구사항은 고객의 니즈로부터 _ 86

03. 고객 중심 – 회사가 성장하는 원동력 ······ 88
고객 중심이란 고객을 가슴에 담는 것이다 _ 89
나의 월급은 고객으로부터 나온다 _ 90
불만이 많은 고객은 우리 회사와 나에 대한 기대치도 크다 _ 91
고객의 큰 불만을 해결할수록 영원한 고객이 된다 _ 93
고객이 없거나 고객을 피할 수 있는 직업은 없다 _ 96

3장. 일하는 자세(attitude) ······ 105

01. 팀워크 – 직장생활을 즐겁게 한다 ······ 107
스스로 움직이는(empower된) 팀워크가 중요하다 _ 108
동료가 잘되면 나도 잘된다 _ 109
경청 - 나는 함께 일하는 동료들의 자원(resource)이다 _ 113
'Not~ because~'를 'Yes~ but~'으로 바꾸어 말하기 _ 113

02. 현장주의 – 모든 일은 현장에서 시작된다 ······ 116
현장에 가면 항상 얻는 것이 있다 _ 117

차례

　　　고객의 불만이 클수록 현장에 있어야 한다 _ 119
　03. 우선순위 - 회사생활을 여유롭게 만든다 ·················· 121
　　　동일한 액션이라도 시점에 따라 가치가 크게 다르다 _ 121
　　　급하지는 않지만 중요한 일을 할 수 있어야 한다 _ 126
　04. 적시에 하는 에스컬레이션과 액션
　　　- 기회비용과 리스크를 최소화 ································ 131
　　　에스컬레이션 시점을 놓치면 큰 대가를 치르게 된다 _ 133
　05. 정도 경영 - 회사와 나를 보호해 준다 ······················ 137
　　　고의적인 잘못이 회사와 개인을 파멸시킨다 _ 137
　　　올바른 가치관을 가져야 한다 _ 138
　　　문제가 발생하면 최대한 사실대로 보고한다 _ 139
　　　협력사를 '갑·을' 관계가 아닌 '파트너'로 인식해야 _ 140
　　　업무 수행 중 애매하면 정도의 방향으로 _ 141
　06. 긍정적 사고방식 - 현재의 상태를 호전시켜 준다 ········· 143
　　　프로와 아마추어에 따라 문제 해결 방법이 다르다 _ 145
　07. 맥을 짚어 일하기 - 일의 효율성과 성공률을 높인다 ····· 146

**4장. 절대 성공요소(Critical Success Factor)와
　　　이미지 만들기(Image Building)** ·························· 163
　01. 절대 성공요소(CSF) ·· 164
　02. 이미지 만들기 ··· 175
　　　이미지라는 동전을 저금통에 저금할수록 상승효과가 있다 _ 176

향후 과제 ··· 183

부록 ··· 189
01. 순서와 양식 ·· 190
02. 프레젠테이션(presentation) ··· 196
03. 직원들이 자주 하는 질문과 답 ··· 207

맺음말 _ 236

MEMO

1장

OWNERSHIP

주인의식
(ownership)

01. 약속의 힘
02. 끈기
03. 책임감
04. 창의와 혁신
05. 선행적 사고

직장생활에서 프로가 되어야 한다

　영하의 추운 겨울날, 돌 된 아들을 안고 5살 난 딸과 아내와 함께 처갓집을 가기 위하여 택시를 기다리고 있었다. 처갓집이 좀 높은 곳에 있어 택시를 꼭 타야 갈 수 있는데 30분을 기다려도 택시가 서지 않았다. 두 아이와 아내 모두 네 명이 타려니까 잘 서지도 않고 어쩌다 앞에 서서 어디 가냐고 묻고는 지대가 높아서 그런지 그대로 지나쳐 가버렸다.
　고생 끝에 겨우 택시 한 대에 탑승하게 되었다. 택시에 타자마자 불평을 터뜨리자 60세가 다 되어 보이는 백발이 성성한 택시 기사분이 왜 그러냐고 물어보았다. 추위에 떨면서 길에서 30분간 택시를 기다리며 고생한 이야기를 해드렸더니, "택시 기사가 편한 손님만 골라 태우려면 운전대를 놓아야지요"라고 말씀하시면서 목적지까지 편안하게 데려다주셨다. 그때 그 노인 기사를 보면서 '아, 저런 분이 바로 프로구나. 나도 저분처럼 업계에서 프로가 되어야지!' 하고 다짐하는 계기가 되었다.

　살아가면서 일상생활에서 '프로'라는 단어를 많이 접하게 된다. 보통 프로 하면 운동선수, 바둑 기사, 가수 등이 떠오르게 되는데 사전을 보면 프로페셔널(professional)의 준말로 '숙련된 사람'을 뜻한다. 그러나 어느 분야를 막론하고 아무리 숙련된 전문가라 하더라도 직업의식(ownership : 주인의식)이 없으면 진정한 프로가 될 수 없다.

어떤 업무를 하더라도 고객이 없는 업무는 없고 고객들은 우리가 제공하는 서비스의 가치를 돈으로 환산하여 우리에게 지불하는 돈보다 우리가 서비스하는 가치가 크다고 느낄 때만 구매를 하게 된다.

앞으로는 자신의 가치를 고객이 인정해 주어야만, 즉 프로가 되어야만 직장생활에서 생존할 수 있다.

그러면 프로와 아마추어의 차이는 무엇일까? 프로의 세계인 축구를 예로 들어보자. 프로 축구의 반대말이 무엇일까? 바로 아마추어 축구인데 일명 동네 축구라고 한다.

다음은 프로 축구와 동네 축구의 차이를 정리해 보았다. 나음 페이지를 넘기기 전에 프로 축구와 동네 축구의 차이를 나름대로 두세 개만 생각해 보고 다음 페이지로 넘어가기 바란다.

〈프로 축구와 동네 축구의 차이점〉

	프로 축구	동네 축구
목적	우승	취미
₩	연봉	X
전문 기술	O	X
고객	O	X

 우선 목적이 다르다. 프로 축구는 매번 승리하여 승점을 높이고 연말에 우승을 하여 팬(고객)들을 즐겁게 해주어야 하고 이에 따라 보너스(연봉)도 많이 받게 된다. 또한 구단은 시합을 하면서 들어오는 수입으로 구단을 유지해야 한다. 선수들 월급도 주어야 하고 연습하는 구장을 유지 보수하고 필요하면 고액을 제시해서라도 좋은 선수들을 스카우트해야 하기 때문에 비용이 많이 든다. 또한 선수 개인은 거기서 살아남고 유명한 선수가 되기 위해 전략을 세워야 하고 끊임없이 노력하고 본인만의 전문 기술을 개발해야 한다.
 반면에 동네 축구에서는 말 그대로 동호인들끼리 취미 삼아 축구를 하기 때문에 프로 축구와는 완전히 다르다.

 학생과 사회인의 책임과 의무를 보면 동네 축구와 프로 축구와 비슷하다. 직장에서는 직원이 회사에 기여하는 가치(value)에 대하여 대가를 지불하는 것이다. 따라서 직원이 전문 기술이 없거나 잘못하여 회사에 손해를 입혔다든가 기여하는 가치가 없게 되면 그 직원은 직장에서 성공할 수 없게 되는 것이다.

프로가 되기 위해서는 전문 기술을 보유하여 자신의 가치를 높이는 것도 중요하지만 진정한 프로가 되기 위하여 필자가 가장 중요하게 보는 것은 주인의식이다. 경력이 오래되었고 실력이 좋더라도 주인의식이 약하면 직장생활에서 인정을 못 받게 되고 결국 직장을 떠나게 될 수도 있다. 반면에 신입사원들도 주인의식이 강하면 실력이 다소 부족하더라도 직장생활에 실패할 확률이 적다.

그래서 이 책에서 첫째로 주인의식에 대하여 이야기하고, 두 번째로 스킬의 중요성 등 가치창출에 대하여 설명하였다. 그리고 마지막으로 일하는 자세 중에서 중요하게 생각하는 7가지에 대하여 강조하였다.

그럼 먼저 주인의식에 관하여 알아보기로 하자.

주인의식이란 주인으로서 가져야 히는 의식이나. 수인이 어떤 대상이나 사물을 소유하고 있다면 주인으로서 대상이나 사물에 관하여 권한과 책임과 의무가 있다.

과거 직장동료가 회사생활을 그만두고 자신의 사업을 시작했던 적이 있다. 개업한 지 몇 달 후에 만나 과거 직장생활을 하던 때와 무엇이 나른가를 물어보았더니, 과거 직장생활할 때에는 바닥에 떨어져 있는 클립이 눈에 들어오지 않았는데 자기 사업을 하다 보니 작은 클립 하나도 소중하여 바닥에서 줍게 되었다는 말을 들은 적이 있다.

프로가 되기 위해서는 몇 가지 요건이 필요하지만 가장 중요한 것은 주인의식이다. 일을 할 때 내 것 또는 내 일이라고 생각하면서 하는 것과 남의 일을 대신 봐 주는 식으로 일하는 것은 말투와 일에 임하는 자세를 보면 금방 차이를 느낄 수 있다.

회사에서는 일을 수행하는 데 있어서 몸을 던져 일하는 직원들을 좋아한다. 이런 직원들은 일반적으로 열정(passion)이 있다고 말한다. 의견을 말할 때도 나 자신의 유·불리를 떠나서 회사에 플러스가 되면 소신을 가지고 말해야 한다. 그런데 이러한 열정과 소신은 바로 주인의식에서 비롯된다.

내 책상과 옆 직원 사이에 휴지가 떨어져 있을 때 누가 주워야 할까? 물론 누가 주워야 한다는 것은 인사 평가서에도 없고 어떤 매뉴얼에도 없다. 그러나 내 방에 떨어져 있는 휴지를 줍는 마음으로 먼저 줍는 것이 주인의식이다.

이런 주인의식이 어디서 나오는 것일까? 직원들이 회사의 비전을 공감하고 자신이 속한 회사의 사회 기여도와 회사의 가치를 느끼면서, 자신의 미래가 자신이 속한 회사에 달렸다고 생각하는 경우이다. 그래서 회사는 직원들이 주인의식을 가질 수 있도록 직원들에게 비전을 제시하고 회사의 가치를 느끼도록 좋은 조직 문화를 만들어주는 것이 중요하다.

함께 일하는 직원들을 볼 때 주인의식을 얼마나 갖고 있는지는 그 직원의 장래를 짐작할 수 있게 하는 매우 중요한 요소라고 생각한다.

그러면 다음으로 이렇게 중요한 주인의식을 가지려면 어떤 행동과 마음가짐이 필요한가?

직원의 주인의식을 가늠할 잣대는 다음의 다섯 가지 항목들을 보면 쉽게 알 수 있다. 역으로 다음의 항목들을 습관화해 나갈 때 주인의식이 강해진다.

01. 약속의 힘
– 신뢰의 시작이다

컴퓨터 회사에 입사했을 당시 1년간 교육만 받았다. 전공 불문하고 입사하기 때문에 '컴퓨터란 무엇인가?'부터 배워야 한다. 모든 과정이 실제적인 상황에 맞추어 케이스 스터디 형식으로 구성되어 있는데 주요 내용은 고객의 니즈를 파악하고 니즈를 만족할 수 있는 솔루션을 찾아서 제공하는 과정이다. 프레젠테이션, 고객 콜(call) 등을 실제로 연습하며 평가를 한다. 물론 데이터베이스 디자인 등 기술적인 내용이 포함된다. 필자도 어려운 과정을 마치고 1년 만에 고객을 담당하게 되었다.

그 당시에는 필자가 근무하던 사무실이 광화문에 있었는데 처음 담당한 고객이 인천에 있는 A중공업이었다. 영업 대표가 나를 인사시키려고 처음 고객을 방문하게 하였다. 그 자리에는 전산실에서 각 팀을 운영하는 팀장들이 다섯 명이나 참석하여 처음 온 SE(System Engineer : 컴퓨터의 기술 지원을 담당하는 전문가)가 어떤 사람인가 궁금해 하며 이것저것 업무 이야기를 하였다. 그런데 문제는 내가 팀장들이 하는 말들을 알아들을 수가 없다는 것이었다. 전산 용어는 약어도 많고 영어로 된 기술 용어가 많아서 통상 3~4년 지나야 불편 없이 대화가 된다. 30분간 앉아서 대화하다 보니 팀장들은 내가 컴퓨터에 전혀 경험이 없는 전산의 초보자라는 것을 금방 눈치 챘다.

그날 이후로 팀장들이 별로 아는 척도 안 하고 좀 무시하는 듯한 느낌을 받았다.

어느 날 나에게 컴퓨터 문제를 해결해 달라고 요청하는데 무슨 의미인지 알 수가 없어서 적어 달라고 했다. 회사에 돌아와서 선배 직원에게 물어보니 "그거 간단해요. 이렇게 하시면 됩니다"라고 답을 들었는데, 역시 무슨 의미인지 알 수가 없어서 또 적어 달라고 한 후에 고객에게 전달하였다. 이렇게 2~3개월을 지내다 보니 회사에 잘못 들어온 게 아닌가 걱정이 들면서 회사 다니는 것에 대한 회의감마저 갖게 되었다.

그렇게 고민을 하다가 스스로 생각을 해보았다. 이 고객들을 제대로 지원하려면 전문 지식을 쌓아야 하고 전문 지식을 쌓으려면 시간이 필요한데 그때까지 고객에게 해줄 수 있는 가치 있는 일이 무엇일까?

그래서 내가 팀장들에게 제안한 것은 매주 목요일 2시에 정기 주간 회의를 하는 것이었다. 주간 회의에서는 고객의 애로 사항을 듣고 지원을 해주기로 했다. 매주 회의를 하면서 지원할 내용, 언제까지, 누가 할 것인지에 대한 액션 플랜(action plan)을 작성하였는데, 그것을 회사로 가지고 와서 모든 자원(resource)을 동원하여 해결해 주려고 노력하였다. 약속한 일자에 회신을 못 줄 때는 반드시 1~2일 전에 해당 팀장에게 전화를 하여 "팀장님, 지난주 주간 회의에서 요청하셨던 것은 어느 정도 답을 준비했지만 부족한 부분이 있어서 2일이 더 필요한데 시간을 더 주실 수 있는지요?"라고 사전 동의를 구하고 다시 약속한 일자에 전달하여 약속을 어기는 일이 없도록 하였다.

복잡하고 중요한 일일수록 많은 약속으로 구성되어 있다

나와 함께 일하는 직원이나 고객과 한 약속을 지킨다는 것이 왜 중요할까? 일의 특성상 나 혼자만의 힘으로 하는 일보다 중요한 일일수록 다른 사람의 도움으로 진행되는 경우가 많다. 복잡하고 중요한 일일수록 많은 약속으로 구성되어 있다. 누가 약속을 못 지켜 필요한 자료를 못 받았다면 내가 하고자 하는 일을 기일 내에 완성할 수가 없고 나 또한 다른 사람에게 약속을 못 지키게 되어 그 사람의 업무에 영향을 주게 되는 것이다.

어떤 고객이 배달 사업을 하려고 승합차 한 대를 자동차 회사 대리점에 주문했다. 그런데 자동차 시트에 사용되는 가죽을 생산하는 공장에서 제때에 납품을 못하면 시트 공장에서 자동차 회사로

납품을 못하게 된다. 결국 자동차 회사는 시트가 없어서 승합차를 약속 일자에 생산할 수 없기 때문에 영업사원은 이러한 사정을 고객에게 설명하면서 양해를 구할 수밖에 없다. 그러나 고객이 이 상황을 이해하기보다는 약속한 일자에 승합차를 인도받지 못하여 배달 사업을 연기해야 하기 때문에 그 회사에 대하여 실망하면서 다음에 자동차를 구매할 때는 다른 회사로 발길을 돌릴 것이다.

어떤 경우라도 약속을 철저히 지키다 보면 대인 관계에 있어서 신뢰가 쌓이기 시작한다. 특히 고객으로부터 신뢰를 얻게 되면 더 많은 것을 얻게 된다.

나는 약속의 철저함을 보여주기 위하여 6개월간 매주 목요일 2시에 인천에 있는 고객 회사의 회의실에 정확히 도착하였다. 회의실에 들어가면 바쁜 팀장들이 자리에 없어서 일일이 부른 후 다 모이면 회의를 시작하곤 하였다. 별로 기분 좋은 일은 아니었지만 실력이 없는 나로서는 감수할 수밖에 없었다.

그런데 6개월 정도 지난 어느 날, 그날도 어김없이 회의실에 들어섰는데 모든 팀장이 자리에 앉아서 나를 기다리고 있는 것이 아닌가?

"오늘 웬일로 모두 정시에 참석하셨네요!"라고 했더니, 팀장 중 한 분이 "왕영철 씨가 매주 2시에 정확히 들어오기 때문에 오늘부터 우리도 정시에 모이기로 했습니다"라고 말씀하셨다.

신뢰는 불가능을 가능으로 바꾼다

6개월 동안 필자가 매주 팀장 회의를 통해서 문제 해결과 요구 사항에 대하여 철저히 약속을 지킨 결과 팀장들의 신뢰를 얻을 수 있었고 고객과의 관계가 점점 좋아지면서 좋은 관계로 발전하게 되었다.

그 당시 회사에서 시스템 실기 교육 받을 기회를 놓쳐서 애를 먹은 적이 있었는데, 고객사 팀장이 "왕영철 씨, 시스템 실기 분야가 약한 것 같아요. 우리 신입사원들을 위해 다음 주 실기 교육이 있는데 참석해서 들어 보면 어떨지요?"라고 나를 직원 동료처럼 생각해 주면서 교육을 제공해 주기도 하였다.

이후 담당하는 고객이 바뀌었는데 그 고객은 전산실의 모든 직원들을 신입사원으로 채용하여 지원에 어려움을 겪었다. 전산은 매뉴얼을 보고 교육을 받아 지원이 가능하지만 실제로 시스템을 만들려면 경험이 매우 중요하다. 경험이 없던 나로서는 내가 지도하여 신입 직원들이 만든 설계도가 제대로 만들어졌는지 검증하기가 쉽지 않았다. 그래서 경험이 많은 A중공업의 팀장들과 오랜만에 식사를 할 기회가 있어서 애로 사항을 말했더니 그 팀장들이 근무 후에 들러서 도와준 덕분에 무난히 프로젝트를 마친 적이 있었고 지금도 그 팀장들과 만나고 있다.

약속은 마음만 먹으면 지킬 수 있다

약속을 지키는 일은 실력과 상관없이 본인이 마음을 먹으면 가능한 일이다. 팀장이 이 과장에게 업무 지시를 하고 약속한 시간이 다 되었는데도 보고가 안 되는 경우, "이 과장, 오늘 2시에 논의하자는 건은 어떻게 되었지요?"라고 물으면 머리를 긁적이면서 미안한 표정으로 "실은 그게 여러모로 조사를 해보았는데 답 구하기가 쉽지 않아서 보고서를 아직 못 만들었습니다"라고 답할 때 이 과장은 분명 약속을 안 지킨 것이고 약속의 중요성을 잘 모르고 있는 것이다.

직장생활을 하다 보면 작은 일부터 큰일까지 약속의 연속이다. 회의 시간에 늦지 않는 작은 약속부터 지키는 것을 습관화하면 나도 모르게 신뢰라는 내 저금통에 동전이 하나둘씩 쌓여 목돈이 되면서 어려움이 있을 때마다 나의 직장생활에 큰 도움이 된다.

약속 못지않게 주인의식이 있어야 가능한 것이 끈기인데 다음 장에서 보기로 하자.

02. 끈기
— 안 되는 일을 되게 하다

끝을 보겠다는 의지가 중요하다

끈기(tenacity)라 하면 다이어트나 금연과 같이 의지력과 지속력이 있어야 가능하기 때문에 쉽지 않은 습관이다. 다이어트나 금연은 잘 안 되더라도 개인적인 영향으로 끝나지만 회사 일은 잘못되면 미치는 영향이 매우 크다. 그래서 회사에서 목표가 주어지거나 문제가 발생하면 반드시 끝을 보겠다는 마음을 가져야 한다.

왜 끝을 보고자 하는 끈기가 중요한 것일까?

내적으로는 어려운 목표를 달성하고 문제를 해결했다는 성공 체험을 가지게 되면 자신감이 생겨서 다음에는 더 복잡하고 어려운 업무에 도전하고 성취할 수 있는 역량이 길러진다.

외적으로는 끈기 있게 끝을 보는 직원으로 알려지면 함께 일하는 동료들의 지원하는 자세가 달라진다. '우리 이 대리는 한번 맡은 일은 끝을 보기 때문에 이 일을 해결하지 못하면 나는 자유로울 수가 없다'라는 각오를 하고 일을 지원하게 되니 잘될 수밖에 없다. 또한 중간에 쉽게 단념하지 않고 지속적으로 도전하기 때문에 성공 확률도 높아지게 된다.

자동차 제조산업의 고객을 담당했을 당시에 어느 날 출근해서 미국 본사에서 온 메일을 열어보고 깜짝 놀랐다.

자동차 생산 공정은 매우 복잡하고 정교하다. JIT(Just In Time)라 하여 생산 라인에서 자동차를 조립하여 생산할 때 부품 재고 없이 조립 시간에 맞추어 주요 부품들을 협력업체로부터 생산 라인에 직접 공급하면서 재고를 줄이는 방식을 쓰고 있다. 일부 부품들이 조달이 안 되면 생산 라인이 정지되기 때문에 매우 정확하게 관리되어야 한다. 이러한 정확성을 위하여 공장 라인을 통제하는 공장용 특수 컴퓨터를 사용하고 있었다.

그런데 어느 날 갑자기 본사로부터 컴퓨터 부품 공급에 문제가 있어 사용 중인 컴퓨터를 더 이상 공급을 못하고 다른 제품으로 공급될 것이라는 메일 내용이 전달되었던 것이다. 문제는 컴퓨터를 관리해 주는 OS(Operating System : Unix, Window처럼 컴퓨터를 관리해 주는 중요한 프로그램)가 새로운 것으로 변경되기 때문에 지금까지 사용했던 모든 업무 프로그램을 이 새로운 OS에 맞추어 다시 개발해야 한다는 것이었다. 6개월 이내에 새로운 시스템으로 옮겨 가야 하는데 고객사는 판매가 급신장하고 있어 시간상 도저히 가능하지 않은 상황이었다. 그리고 만약 이 점이 고객에게 그대로 전달되면 공급사의 무책임한 처사라고 하여 엄청난 클레임이 예상되는 일이었다.

사내에서 팀장에게 급히 보고를 하고 방법을 논의하였지만 본사의 방침이라서 별 뾰족한 방법이 없었다. 회사와 나를 믿고 솔루션을 적용해 주요 생산 시설을 제어하고 있는 고객의 이 시스템이 잘못되면 고객사 비즈니스에 큰 타격을 줄 것이 확실했기 때문에 그냥 앉아서 다가오는 사태를 기다릴 수만은 없었다.

일단 조직 차원에서 대응하기 위하여 팀장에게 요청하여 임원을 중심으로 TFT(Task Force Team)를 조직하였다. 그리고 미국과 시차가 있으므로 한밤중에 미국 본사의 해당 컴퓨터 생산 공장에 전화를 하여 공장장을 찾았다. 공장장은 전혀 뜻하지 않게 먼 나라의 말단 사원이 전화하여 이슈를 제기하고 있어서 매우 당황스러운 반응이었다.

"제가 입사한 지는 얼마 안 되었지만 우리 회사는 고객의 니즈에 맞추어 가치(value)있는 솔루션을 제공하고 문제가 발생하면 고객에게 손해가 없도록 고객을 보호해 주는 회사로 알고 있습니다. 지금 고객은 우리 회사 솔루션을 이용하여 효율적인 생산을 하고 판매 신장을 하고 있는데 갑자기 생산 라인을 관리하는 중요 컴퓨터의 공급을 중단하고 신제품으로 바꾸면 대응할 시간이 부족하여 고객에게 큰 손해를 끼칠 것입니다. 신제품으로 이행하여 넘어가는 데는 1년 정도의 시간이 필요하기 때문에 적어도 1년 동안은 현재의 컴퓨터 용량을 확장할 수 있도록 지원해 주어야 합니다."

그러나 공장장은 자기가 바로 답할 수 없으므로 조사해 보겠다고 하면서 전화를 끊었다.

끈기는 상대방을 감동시키는 힘이 있다

다음 날 밤에 다시 전화를 하였다. 공장장은 전 세계에서 부품을 공급받고 있는데 새로운 부품으로 바뀌고 있어서 더 이상 생산은 불가하고 6개월 이내에 신제품으로 옮겨갈 수밖에 없다고 하였다. 더 이상 지체할 시간이 없어 단시간에 옮겨갈 방안을 궁리하기 시작했다. 매일 밤 공장장에게 전화를 했더니 공장장이 내 전화 때문에 다른 일을 못하겠으니 제발 전화 좀 하지 말라고 하였다. 그러나 이것은 내 고객의 문제라고 하면서 매일 전화하여 지속적으로 논의하고 해결책을 요구하였다. 집요한 요구 끝에 새로운 OS를 개발한 개발자 네 명을 한국에 급파하여 새로운 시스템을 교육해 주고 기술을 전수하기로 합의를 하였다.

그런데 또 다른 문제가 발생하였다. 크리스마스가 임박한 휴가 시즌이라서 전문가들을 바로 보낼 수 없고 다음해 1월에 보내겠다는 것이 아닌가? 미국에서는 크리스마스 시즌과 연말연시에 휴가를 즐긴다는 것을 알고 있었지만 도저히 한 달 정도를 허비할 시간적 여유가 없었다.

다시 전화하여 고객의 사활이 달려 있는데 미국에도 예외는 있는 것 아니냐고 설득하여 결국 네 명의 새로운 OS 개발자가 크리스마스 바로 전에 한국에 도착하였다.

월요일에 출근하여 개발자들을 만났는데 별로 반가운 표정들이 아니었다. 그런데 개발자 중 한 명이 이태원이 어디냐는 질문을 하였다. 모두들 한국에 처음 왔지만 이태원이 쇼핑으로 유명하다는 사실을 알고 있는 모양이었다.

나는 네 명을 회의실에 불러놓고 어려움에 처한 고객의 사정과 네 명이 해야 할 기술 전수가 얼마나 중요한지를 설명하였다. 하소연을 하는 내 눈가에 나도 모르게 눈물이 비치는 것을 느꼈다. 짧은 영어지만 내 마음이 제대로 전달되었는지 그날부터 5일간 매일 밤 10시까지 고객 담당자들과 한국의 기술 담당자들에게 기술 전수를 하고 금요일 밤 비행기로 한국을 떠났다.

"여러분들의 5일간의 헌신적인 기술 전수는 잊지 않겠습니다. 고객을 위한 우리 회사의 정책을 다시 한 번 느꼈습니다. 다음에 한국에 올 기회가 있으면 이태원을 비롯하여 좋은 곳을 안내해 주겠습니다"라고 약속하였다.

위기를 기회로 만들다

다음 해 고객과 한국 기술 전문가들은 새로운 기술을 통해 성공적으로 새로운 시스템으로 이전하여 전 세계에서 최초의 사례가 되었다. 그 결과 우리 회사 솔루션에 대한 고객의 신뢰가 높아져서 그 후 고객의 사업이 확장될수록 우리 회사 컴퓨터를 더욱더 많이 사용하게 되었다. 새로운 시스템으로 이전하는 과정에 문제가 없어서 천만 다행이었지만 이 때문에 아쉽게도 네 명의 미국 전문가는 한국에 다시 방문할 기회가 없어서 이태원을 안내해 주지 못했다.

끈기를 가지고 문제를 해결하지 않고 걱정만 하면서 소극적으로 대응하였다면 자칫 고객 시스템에 큰 문제를 일으켜서 고객으로부터 클레임을 받을 뻔한 일이었다.

끈기를 가지고 문제를 해결하려면 주인의식이 있어야 함은 물론이고 3부에서 설명하겠지만 긍정적인 사고방식을 가져야 한다. 문제가 발생했을 때 '분명히 답이 있다, 할 수 있다, 된다'라는 긍정적인 생각과 신념을 갖는 것이 중요하다. '이 문제는 답이 없다, 할 수 없다, 안 된다'라고 부정적으로 생각하기 시작하면 해결 방법에 대한 생각을 중단하게 되고 시도조차 하지 않게 되기 때문이다.

또한 끈기 있게 일을 하려면 긍정적인 사고방식과 더불어 책임감이 있어야 한다.

다음에는 약속과 끈기의 필수 요소로써 주인의식과 밀접하게 관련이 있는 책임감에 대하여 살펴보기로 하자.

03. 책임감
- 신뢰를 유지한다

책임감은 주인의식에 비례한다. 책임감이 있는 직원들을 보면 약속을 잘 지키고 어려운 환경에서도 끝을 보고자 하는 끈기가 있다. 보통 책임감은 쉬운 일을 하거나 일이 잘되어 갈 때는 나타나지 않는데 시행에 있어서 리스크가 있는 큰일들이나 일을 하다가 상황이 안 좋게 되어 가는 경우에 드러나기 마련이다.

책임감은 나의 반성으로부터 시작된다

컴퓨터 시스템 관련 업무는 건물을 지을 때와 비슷하게 많은 협력업체들과 협업을 해야 가능하다. 많은 업체들의 솔루션들이 섞여 있고 하드웨어와 소프트웨어가 함께 돌아가기 때문에 문제가 발생하면 원인을 찾기가 쉽지 않다. 장애가 나서 급하게 관련 업체를 불러서 각 사의 의견을 물어보면 "이 문제는 우리 솔루션의 문제로 인하여 발생한 것 같습니다"라고 말하는 업체는 별로 없다고 봐야 한다. 잘못 말했다가 손해배상 문제에 얽힐 수도 있다는 생각 때문이다.

여러 협력업체들이 완곡하게 말하는 것만 듣고 있으면 우선 책임을 면하기 위해 자기들 문제는 아닐 것이라는 뜻으로 들리는데 당장 전국적으로 장애가 발생하여 영업을 못하고 있는 우리 입장에서 보면 답답하여 발을 동동 구를 수밖에 없다. 그래서 나는 여러 협력업체를 모아놓고 우선 내 반성부터 한다.
"이 문제는 우리가 사전에 좀 더 챙겼어야 하는데 부족한 점이 있었다고 봅니다. 우리 회사에서 했던 일 중에 문제가 있었다고 느낀 점이 있다면 자유롭게 말씀해 주시죠."
협력업체는 우리의 문제점에 대하여 뭔가 말하고 싶은데 나중에 우리 실무 담당자와 껄끄러운 관계가 될 것을 우려하여 말하지 못하는 경우가 종종 있다.
"현재 전국적으로 장애가 나서 고객들이 큰 불편을 겪고 있습니다. 여러분들과 우리는 컴퓨터 시스템의 안정성을 위하여 서로 최선을 다하여 왔습니다. 우리는 일 중심으로 판단해야 합니다. 누구를 비난하고 책임을 묻기 위함이 아니고 오직 이 시점에는 문제 해결이 중요합니다. 어느 누구도 내 문제는 아닐 것이라고 속단하면 원인을 찾을 수 없습니다. 컴퓨터의 속성을 보면 장애는 하드웨어, 소프트웨어 등 여러 구성 요소들이 혼재되어 발생하기 때문입니다"라고 하면 그제야 이런 저런 의견을 말하기 시작하여 원인을 찾게 된다.

　무슨 문제가 발생하여 보고하는 팀장들을 보면 은근히 이 문제는 자신이 잘못한 것이 아니라 자기 부하 직원이 잘못해서 발생했다고 하는 팀장이 간혹 있다. 어느 문제든 내 잘못이라고 하고 싶은 직원이 어디 있겠는가? 그러나 문제 발생의 원인은 부하 직원이 아니고 나의 관리 부족이라고 생각하는 책임감 있는 자세가 중요하다. 발생된 문제에 대하여 팀장이 자기의 책임으로 말할 때 모든 문제의 원인이 팀장에게 있다고 생각하는 동료나 상급자는 거의 없을 것이다. 오히려 팀장의 주인의식과 책임감에 더욱더 신뢰를 가지게 된다.
　일반적으로 책임감을 느끼기 시작하면 마음이 편하지 않고 동시에 스트레스가 동반되기 때문에 책임을 회피하게 된다. 그러나 책임감을 가지고 문제를 풀고 원하는 목표를 달성하게 되면 이로부터 성취감과 신뢰라는 중요한 열매를 얻을 수 있다는 점을 잊어서는 안 된다.

요청하면 바로 응답해야 한다

　나는 동창회나 친구들, 회사 직원들이 메일이나 메시지를 보내

오면 보는 대로 회신하는 습관이 있다. 일정이 중복되거나 불분명하면 모르겠지만 동창회 참석 여부를 결정하는 데 오랫동안 생각할 필요가 없다. 회신이 없어서 몇 번의 메일과 메시지를 보내고 결국 전화를 하면 그때 가서 답하는 사람들이 많은데 주최하는 측에서 보면 매우 불편한 회원임이 틀림없다. 메일 중에는 어려운 난제라서 회신에 시간이 많이 걸리는 경우도 있겠지만 대부분의 메일 회신은 바로 할 수 있는 것이 대부분이다. 응답을 하지 않는 사람은 역량의 부족이라기보다는 습관이라고 보는 것이 옳을 것이다.

바로 답하는 것은 약간의 수고로써(어차피 해야 할 일이기도 함) 회신에 더 이상 신경을 쓰지 않아서 좋고, 상대방으로 하여금 책임감이 강한 사람으로 인식되어 나에 대한 신뢰도가 높아지는 부수적인 효과도 있다. 즉 누가 무엇을 요청하면 바로 응답(responsive)해야 한다. 또한 시간이 필요하여 바로 응답할 수 없을 때에는 이러한 사실을 알려주고 며칠만 더 기다려 달라고 지체 없이 응답 메일을 보내야 한다.

갈수록 경쟁은 심해지는데 각 회사에서 제공하는 제품들을 보면 점점 차별화하기가 쉽지 않아 보인다. 그러나 구매자의 입장에서 보면 어떤 요청을 했을 때 각 사의 담당자들의 긴박감(Sense of urgency)이 달라서 응답하는 스피드와 자세에 있어서는 많은 차이가 있음을 자주 느낀다.

제품에서 큰 차이가 없을수록 제품 공급업체 직원들의 응답하는 자세가 구매자의 구매 결정에 큰 영향을 준다는 것을 제품 공급업체의 영업 담당들은 유념해야 할 것이다.

다음에는 네 번째로 주인의식이 약하면 제대로 결과물이 나오지 않는 창의와 혁신에 대하여 생각해 보도록 하겠다.

04. 창의와 혁신
- 회사를 건강하게 한다

    내가 근무하던 회사는 창의와 혁신에 대하여 많은 노력을 하는 회사다. 최고 경영자의 창의와 혁신에 대한 의지가 워낙 강하여 오래전부터 시행한 결과 지금은 상당한 궤도에 올라 있다.
    필자도 처음에는 창의와 혁신이 왜 중요한지 잘 몰랐으나 10년 이상 습관이 되어 생활의 일부가 되면서 창의와 혁신이 회사의 생존과 경쟁력 제고를 위하여 필수적이라는 것을 확실히 알게 되었다.

기업은 한정된 자원으로 최대의 효과를 얻어야 한다

    기업은 주어진 환경에서 부족한 자원으로 최대의 이익을 만들기 위하여 노력하는 조직이다. 프로젝트를 하다 보면 회의 중에 직원들의 다음과 같은 불만을 자주 듣는다.
"사람이 부족합니다."
"예산이 충분하지 않습니다."

"시간이 부족합니다."

당연한 말인 것 같지만 가정에서 가계부 예산 내에서 생활하는 것과 마찬가지로 회사도 주어진 부족한 자원으로 목표를 달성하도록 전략을 만들어야 한다. 이런 과정에서 부족한 자원을 효율적으로 사용하기 위하여 절대적으로 중요한 것이 창의와 혁신이다.

창의와 혁신으로 매출을 늘리고 비용을 줄이는 활동을 지속해야만 회사가 경쟁력을 가지고 생존할 수 있다. 회사가 생존하지 않으면 우리는 월급을 제대로 받을 수 없고 내가 책임지고 있는 가정이 행복할 수 없게 된다. 내가 일하고 있는 회사가 망하면 월급뿐만 아니고 일의 성취감, 나의 발전, 동료들과의 만남 등도 불가능하니 내가 불행해지는 것은 자명하다. 즉 창의와 혁신은 회사의 생존을 위하여 필수적이고 회사의 생존은 나의 생존과 우리 가정의 행복과 직결되는 것이기 때문에 직장생활을 하면서 나의 업무의 일부라고 생각하면서 실천해야 한다.

그런데 창의와 혁신을 잘하는 직원들을 보면 그렇지 않은 직원들에 비하여 주인의식이 강하고 긍정적 사고방식을 갖고 있으며 맥을 짚어 일하는 공통점을 발견할 수 있었다.

그러면 창의와 혁신을 잘 하려면 어떤 점이 중요하고 어떻게 실행해야 할까?

1. 업무를 하면서 사소한 일을 하더라도 내 일이라는 주인의식을 가져야 한다.

"과연 현재 하고 있는 방법이나 현재 사용하고 있는 사물들이 최선의 상태인가?"라는 생각을 끊임없이 해보면서 개선점을 찾아보는 것이다.

2. 불편한 사항이 무엇인지, 고객들의 니즈가 무엇인지를 관심 있게 보고 명확히 파악하는 것을 습관화해야 한다.

일단 관심이 없으면 생각조차 하지 않게 되니까 혁신이 있을 수 없다. 관심을 가지고 계속 생각하다 보면 자다가 깨었을 때 갑자기 생각이 떠오르는 경우도 있다.

3. 업무와 관련하여 경험을 많이 쌓고 산재되어 있는 정보를 많이 접해야 한다.

경험이나 지식이 없는데 창의와 혁신이 어느 날 갑자기 나오는 것이 아니기 때문이다.

4. 고정관념을 버려야 한다(paradigm shift).

지금은 디지털시계가 많지만 이것은 시계에 바늘이 두 개가 있어야 한다는 고정관념을 가지고 있었다면 만들어낼 수 없었을 것이다. 우물은 반드시 밑으로 파 내려가야 한다는 고정관념을 버리고 우물은 가로로 파 들어가 만들 수 있다라는 생각을 가지고 사물을 보는 것이다.

고정관념이 창의 활동을 방해한다

갓 입사한 신입사원은 기존 사원보다 고정관념이 매우 적다. 기존 사원들은 불편한 점이 있더라도 적응이 되어 불편을 잘 모르게 되기 때문이다. '업무를 잘 모르는 신입사원들이 무엇을 제안하겠는가'라고 생각하겠지만 기존 사원들이 못 보는 많은 개선 사항들을 제안하는 것을 보면 매우 신기할 정도다. 그래서 어떤 직원이 창의와 혁신을 특별한 사람만 할 수 있다고 단정 지어 아예 생각조차 하지 않는 것은 옳지 않다.

한 신입사원이 매장에서 쓰레기를 비울 때마다 불편함을 느꼈다. 쓰레기통 안에 가득 찬 내용물을 쉽게 버리기 위하여 검정 비닐 봉투를 쓰레기 통 안으로 씌우는데 쓰레기통과 비닐 사이에 공기가 빠져 나갈 틈이 없어 쓰레기를 채울수록 그림과 같이 비닐이 불룩해진다. 그래서 매번 비닐을 손으로 눌러 통과 비닐 사이에 있는 공기를 빼는 데 애를 먹었다. 공기 빼는 것이 귀찮아서 그대로 두고 쓰레기를 채우면 비닐이 위로 부풀어 올라와서 쓰레기는 조금밖에 넣지 못하게 된다.

쓰레기를 가득 채우면서 불편한 방법을 없애는 방법이 없을까를 고민하다가 그 신입사원이 생각한 아이디어는 그림같이 쓰레기통에 조그만 못 구멍을 내어 공기가 그곳으로 빠지게 하는 것이었다. 쓰레기를 가득 채우더라도 비닐과 쓰레기 통 사이에 있는 공기가 못 구멍으로 빠져나가기 때문에 더 이상 손으로 공기를 빼지 않아도 되었다.

쓰레기통에 구멍이 있으면 안 된다는 기존 사원들의 고정관념을 깬 신입사원의 대단한 창의적 생각이 수많은 직원들의 불편을 덜어준 것이다.

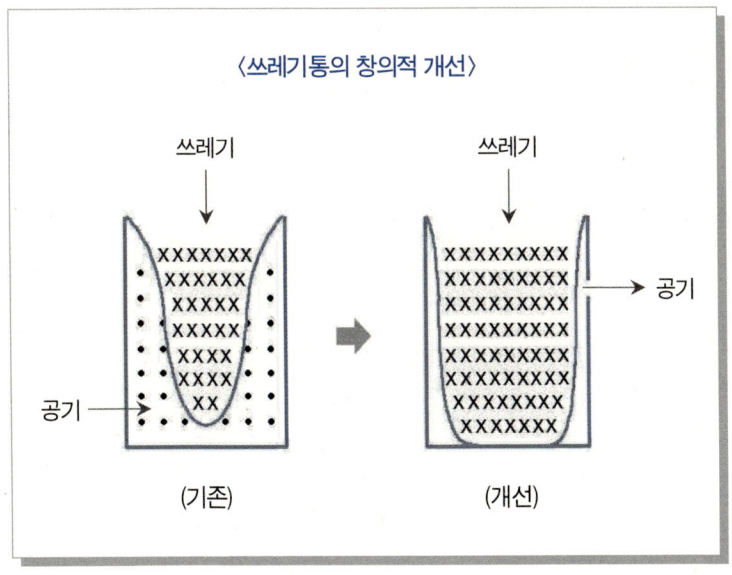

5. 창의 활동은 막연하게 해서는 안 되고 생각하는 방법론이 있어야 한다.

창의 혁신의 대표적 방법론에 트리즈(TRIZ) 기법이 있다. 러시아의 알츠슐러라는 사람이 전 세계의 4만여 개의 특허를 집중 분석하여 40가지의 창의적 발명 원리를 고안한 것이다. 통상 여러 개의 목적을 달성하려고 하면 모순이 나오게 되는데 이 모순을 해결하기 위해서 창의적 혁신이 필요하다는 것이다.

원시인이 사용하던 낚싯대는 한 개의 긴 막대에 줄을 매달아 사용했을 것이다. 고기를 잘 잡으려면 낚싯대가 길어야 하는데 낚싯대가 길면 가지고 다니기가 매우 불편하다. 길어야 한다는 목적과 불편해서 작게 만들어야 한다는 두 개의 목적 사이에 모순이 있는 것이다. 이 모순을 해결하기 위해 고안된 방법이 긴 낚싯대를 여러 개의 짧은 낚싯대로 접어서 사용하게 만든 것이다. 트리즈의 40가지의 방법 중 일곱 번째인 '포개어 보라'에 해당한다.

창의적 활동으로 모순을 제거해야 한다

필자가 물류를 담당했을 때 일이다. 편의점은 장소가 좁아서 각 상품들을 치약 한 개, 칫솔 두 개와 같이 적은 양의 발주를 하게 되는데 물류센터에서는 박스를 뜯어서 한두 개씩 모아 편의점별로 박스에 담아서(소분이라 함) 매장에 보내게 된다.

한 편의점에 보통 5~10박스의 상품이 가게 되는데 매장으로부터 자주 어떤 상품이 누락되었다고 연락이 온다. 물류센터를 방문했을 때 센터 직원으로부터 애로 사항을 들을 기회가 있었다. 센터의 직원은 틀림없이 상품을 보냈는데 해당 매장에서 상품을 못 받았다고 한다며 불만을 토로하였고 혹시 발생할 수 있는 분쟁에 대비하여 이를 증명하고자 사진을 찍어 보관한다고 하였다.

그 말을 듣고 직접 편의점 매장으로 갔다. 편의점 경영주를 만나서 애로 사항을 물었더니 배송 박스가 여러 개 오면 도착한 많은 박스 중에서 상품들을 일일이 찾아 명세표와 비교하는데 쉽지 않고 시간도 많이 걸린다고 하였다. 내가 발견한 것은 상품이 없어지는 이유가 누구의 실수가 아니라 센터에서 보내온 상품을 찾기가 힘들기 때문이라는 것이었다.

왜 찾기 어려울까? 여러 박스에 담긴 수백 개의 상품이 한 장의 명세표로 되어 있기 때문이다. 그래서 쉽게 상품을 체크하려면 박스별로 명세표를 만들어야겠다고 생각하였다. 박스별로 명세표를 만들려면 한 박스의 부피와 한 박스에 들어가는 상품들의 부피를 컴퓨터로 계산하여 한 박스를 만들고 그 박스에 대한 명세표를 만들면 된다. 이러한 창의적 혁신의 결과로 경영주는 발주한 상품들이 도착하게 되면 박스별로 상품 검수를 쉽게 하게 되었고 검수 시 찾지 못하는 상품이 없게 되어 매장에서 받지 못했다는 상품이 거의 없어져서 경영주와 센터 직원들이 모두 만족하게 되었고, 특허를 취득하게 되었다.

  1장 주인의식에서 마지막으로 선행적 사고방식에 대하여 알아보도록 하겠다.

05. 선행적 사고
– 리스크를 줄이고 가치를 더한다

　　선행적 행동이란 향후 예상되는 업무의 문제점의 맥을 찾아서 능동적으로 미리 계획을 세워 챙기는 것을 말한다. 주인의식이 강한 능동적인 직원은 대부분 선행적 사고방식을 가졌고 선행적으로 일하는 직원들을 보면 뭔가 믿음직하고 나도 모르게 다른 직원들보다 위임을 많이 하게 되고 중요한 일을 맡기게 된다.
　　누가 나에게 어떤 직원을 좋아하냐고 묻는다면 "선행적으로 일하는 직원이 믿음이 가서 좋아한다"라고 쉽게 대답할 수 있다.

선행적 활동으로 장래의 리스크를 줄이고 가치를 더할 수 있다
선행적 활동이 왜 중요할까?

　1. 충분한 시간적 여유를 가지고 사전에 준비하기 때문에 업무의 품질이 우수하고 효과가 크다.

같은 업무를 하더라도 일단 일이 발생한 다음에 후행적으로 처리하려면 시간 여유가 없어서 단기간에 임시방편으로 처리하게 되고 방법을 찾더라도 실제로 구현하는 데 시간이 많이 소요되어 일을 그르칠 수 있다.

회사의 5년 후 영업의 '매출－비용＝이익'을 분석해 보니까 장래 인건비 수준이 이익에 큰 영향을 주겠다고 판단하였다고 하자. 인건비 내용을 분석하였더니 조직에서 부장, 차장의 구성 비율이 5년 후에는 현재보다 두 배 이상 되어 인건비에 큰 부담이 될 것으로 예상이 된다. 그래서 지금부터 높은 직급에 대한 비율을 조금씩 축소 조정해 가야 하는데 낮은 직급으로 동일한 매출 활동을 하려면 영업 운영 절차를 간소하게 하고 사용하는 전산 시스템을 보다 쉽게 이용할 수 있도록 해야 한다. 이렇게 함으로써 영업에 낮은 직급자의 구성비를 늘리는 것이 가능하게 되고 상위 직급자는 보다 부가가치가 큰 프로젝트에 배치하면 된다.

이러한 액션(action)은 몇 년을 두고 취해야 하기 때문에 어느 날 이익이 감소한다는 문제가 발생한 시점에서 인건비가 주요 원인이라는 것을 찾아 액션을 취한다면 이미 개선할 수 있는 시기를 놓쳐서 회사가 어려움에 처하게 된다.

2. 사전에 여러 대안을 생각할 수 있기 때문에 환경 변화에 따라 바로 방향을 수정할 수 있다.

시간에 여유가 있어서 시나리오 1, 2, 3을 사전에 계획하였고 상황 변화에 따라 쉽게 각 시나리오에 맞게 시나리오 1, 2, 3으로 옮겨가며 실행할 수 있기 때문에 그만큼 장래에 대한 리스크가 적게 된다.

위의 예에서 보면 매년 매출 실적이 좋고 나쁨에 따라서 각 직급별 구성비와 연봉 인상률 등 시나리오 1, 2, 3 중에서 쉽게 선택하여 적용하면서 영업 환경에 적응해 갈 수 있게 되어 회사의 리스크를 줄이게 된다.

3. 같은 액션이라 하더라도 선행적 액션이 훨씬 가치가 크고 문제 발생도 축소시킨다.

수천 개의 편의점 운영을 하려면 전산 활용이 매우 중요한데 본사와 매장은 ADSL이라는 인터넷 라인으로 연결되어 있다. 이 라인을 통하여 발주를 하고 현 재고 등 중요 데이터를 찾아보고 고객이 상품을 사고 신용카드로 결제하면 바로 이 라인을 통하여 카드 회사로부터 승인을 받아 처리된다. 그래서 라인에 장애가 생기면 영업에 큰 손실을 보게 되어 경영주의 불만이 대단하다. 라인에 장애가 생겼을 때 조치하는 방법은 두 가지가 있다.

손님이 상품을 구매하고 카드를 받아 처리하였는데 라인에 장애가 있어 손님이 상품을 구매하지 못하게 되면 불평을 하고 나가 버린다. 그러면 경영주가 화를 내면서 콜센터에 전화하게 되는데 그때서야 라인을 점검하는 방법이다(After Service).

다른 하나는 중앙에서 라인 접속 상태를 모니터링하다가 장애가 생기면 모니터상에 장애 발생한 라인이 적색으로 변한다. 이때 라인의 장애를 아직 모르는 경영주에게 전화하여 "현재 인터넷 라인에 문제가 있는 것으로 나타나는데 점검해 보겠습니다"라고 하면서 라인 상태를 사전에 점검하여 복구하는 방법이다(Before Service).

두 가지 방법에서 AS 요원이 취한 조치는 같지만 전자는 경영주의 클레임이 발생하고 후자는 경영주가 칭찬을 하게 되어 액션을 취하는 시점에 따라 가치의 차이는 극과 극이다. 이와 같이 선행적으로 일을 하면 미래에 더 많은 가치를 얻을 수 있다.

일반적으로 회사에서는 많은 전산 제품을 구매하게 되는데 공급업체들 사이에 경쟁이 매우 치열하다. 컴퓨터 기종을 바꾸려면 여러 가지 프로그램도 수정해야 하기 때문에 어느 협력업체의 제품이 설치되면 다른 협력업체의 제품으로 바꾸기가 쉽지 않다. 새로 제품을 선정하기 위하여 경쟁 입찰을 하여 A 공급업체가 공급한 제품을 걷어내고 B 회사 제품을 설치하였다고 가정하자. B 회사 입장에서는 윈백(winback) 비즈니스라고 하는데 B회사 영업 대표는 업무 성과가 크게 인정되고 인센티브도 많이 받게 된다.

그런데 한 번은 매년 경쟁 입찰을 할 때마다 계속 떨어진 공급업체의 영업 임원이 찾아와서 자기네 제품이 매년 선택이 안 되고 있는 것에 대하여 불만을 말하면서 다음에는 꼭 자기네 제품을 선정해 달라고 요청하였다.

"잘 아시겠지만 윈백 영업은 쉽지 않습니다. 우리 회사는 협력업체가 제공하는 가치에 대하여 평가를 합니다. 평상시 전혀 방문하지 않다가 경쟁 입찰할 때만 영업 대표가 나타나는데 컴퓨터는 가격만 싸다고 구매할 수는 없습니다. 귀사의 영업 대표가 영업이 잘되는 회사에 자주 방문하는 것은 당연합니다. 그러나 영업 기회가 적은 우리 회사에도 방문하여 평상시 우리 회사의 니즈가 무엇인지 파악하여 꾸준하게 우리 회사에 도움이 되는 가치(value) 있는 자료와 정보를 보내주는 선행적인 영업 활동을 해보시기 바랍니다"라고 조언하였다. "죄송합니다. 열심히 잘해 보겠습니다"하고 돌아갔는데 그 후에도 영업 대표는 오지 않았다. 아마 올해 연말 경쟁 입찰할 때 다시 나타날 것이다.

가정에서도 동일하다. 회사의 일이 많다 보니까 직장인들은 주말에 부족한 잠도 보충하고 소파에 기대어 TV 시청을 하며 한가한 시간을 보내고 싶어 한다. 애들과 집안일 때문에 지친 아내가 "우리 외식 한번 할까요?"라고 하여 외식을 하는 것보다 주말이 되기 전에 "당신, 요즘 애들 키우느라고 고생이 많지? 이번 주말에 영화

보고 외식하려고 하는데 당신 생각은 어때?"라고 말하면 나에게는 같은 행동이지만 아내의 느낌은 매우 다를 것이다. 무슨 일이든지 선행적으로 하게 되면 가치를 더하게 됨을 잊지 말자.

이것을 도표로 표시하면 다음과 같다.

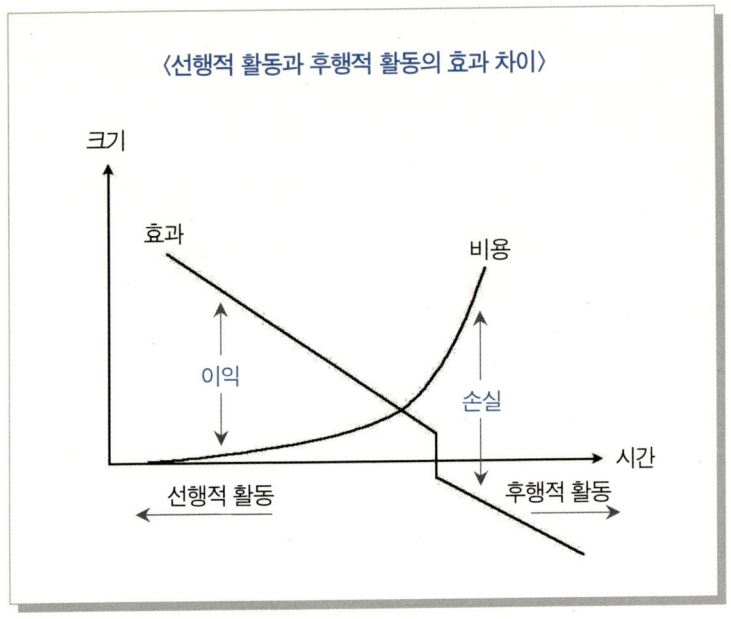

같은 액션을 취하더라도 시간이 갈수록 효과는 감소하고 비용은 증가한다. 고객 서비스와 관련한 것이면 클레임이 증가하고 이에 따라 고객의 구매가 감소하여 회사는 큰 손실을 보게 된다. 최악의 경우는 액션을 취할 시점을 놓치게 되어 손을 써볼 수 없을 정도로 역효과가 나면서 엄청난 대가를 지불해야 한다.

4. 전공정이 잘못되면 후공정에 미치는 영향이 매우 커서 비용이 발생한다.

상품을 이동할 때 매장에서 흔히 일어나고 직원들이 매우 귀찮아하는 일 중의 하나가 백설탕 봉지를 진열하다가 비닐봉지가 바닥에 터져서 청소도 하고 반품 손실 처리까지 하는 것이다. 원인을 추적해 보았더니 물류센터에서 설탕 봉지를 운반 도구에 담아 옮길 때 비닐봉지가 어느 부분에 닿아서 백설탕 비닐봉지에 줄금이 생긴 것을 매장 직원이 건드려 터지기 때문이었다.

물류센터 직원에게 조심해서 다루라고 주의를 주었지만 효과가 없었다. 그래서 "여러분들의 부주의로 인하여 설탕 비닐봉지에 줄금이 나서 매장에서 터지면 1만 원 상당의 설탕 원가에 운임＋매장 지원의 청소 인건비＋반품 처리 과정에 따른 손실 때문에 원가의 10배인 약 10만 원 정도의 비용이 발생합니다"라고 후공정에 영향을 주는 전공정의 중요성에 대하여 설명하였다. 물류센터 직원들이 그 말을 듣고 '나의 조그만 부주의로 인하여 매장에 있는 직원들이 고생을 하고 회사에 큰 손해를 끼치는구나'라고 이해를 하게 되었다. 그 후로는 매장에서 터지는 설탕 봉지가 거의 없어졌다.

5. 선행적으로 일하는 직원은 능동적이고 긍정적이면서 일의 성취감과 재미를 느끼면서 일을 한다.

선행적이지 못하고 윗사람이 시키는 일만 하는 직원들은 자기 주도적으로 일을 못하고 주어진 일만 수동적으로 하기 때문에 일에 의욕도 없고 성과도 낮아지게 마련이다. 그래서 앞에 일어날 일을 예상해 가면서 선행적으로 일을 하면 업무 효율도 오르고 보람도 커지게 된다.

열심히 하는 것도 중요하지만 맥을 짚어 잘해야 한다

그러면 선행적으로 일을 잘하려면 어떻게 해야 할까?

① 일을 하면서 미래에 문제가 발생할 수 있는 가능성이나 선행적으로 하면 보다 가치가 커지는 일에 대해 생각해 보는 것을 습관화한다.
② 문제를 유발시키거나 가치가 커지는 일의 가장 중요한 변수(앞의 예에서 인건비)가 무엇인지 맥을 짚어 찾아본다. 맥을 짚어 일하기는 3장 일하는 자세에서 자세하게 설명하겠다.
③ 적시에 선행적으로 보고한다.
④ 이를 예방하거나 가치를 키우기 위하여 선행적으로 취해야 할 액션 플랜(action plan)과 시나리오 1, 2, 3을 수립하여 액션을

취하고 경우에 따라 시나리오 1, 2, 3으로 옮겨가면서 업무를 수행한다.

요 약

- ✓ **약속 : 신뢰의 시작이다.**
  - 마음만 먹으면 이행 가능
  - 복잡하고 중요한 일은 많은 약속으로 구성
  - 약속 이행 → 신뢰 구축
  - 신뢰 구축은 불가능을 가능하게 하며 비즈니스 창출 효과

- ✓ **끈기 : 안 되는 일을 되게 하다.**
  - 중요한 이유
    - 내적 : 목표 달성 → 성공 체험 → 역량 향상
    - 외적 : 지원하는 동료들의 긍정적 자세 → 성공 확률을 높임
  - 끝을 보겠다는 의지가 필수
  - 끈기는 상대방을 감동시키는 힘이 있다.
  - 위기를 기회로 만든다.

- ✓ **책임감 : 신뢰를 유지한다.**
  - 어려운 상황일수록 더욱 중요
  - 나의 반성으로부터 시작
  - 요청하면 바로 응답(responsive)해야 한다.
  - 경쟁에 있어서 차별화 포인트

✓ **창의와 혁신 : 회사를 건강하게 한다.**
- 경영은 한정된 자원에서 효과를 극대화하는 것
- 이윤 창출의 도구 → 회사의 발전 → 나의 발전 → 가정의 행복
- 중요점
    - 내 일이라는 주인의식
    - 고객의 니즈 파악을 습관화
    - 경험과 정보 수집할 때 가능
    - 고정관념 버리기
    - 방법이 필요(트리즈를 이용한 모순 제거)

✓ **선행적 사고방식 : 리스크 줄이고 가치를 더한다.**
- 후행적 방식은 역효과가 나면 엄청난 대가를 지불해야 한다.
- 중요한 이유
    - 충분한 준비 시간으로 품질 우수
    - 환경 변화에 따라 용이한 대응
    - 빠를수록 가치가 크고 리스크 예방
    - 전공정의 중요성
    - 능동적, 일의 성취감과 재미
- 방법
    ① 미래에 대한 예측을 습관화
    ② 맥을 짚어 중요한 변수 찾기
    ③ 적시에 선행적으로 보고하기

④ 액션 플랜(action plan) 세우기와 이행 및 수정

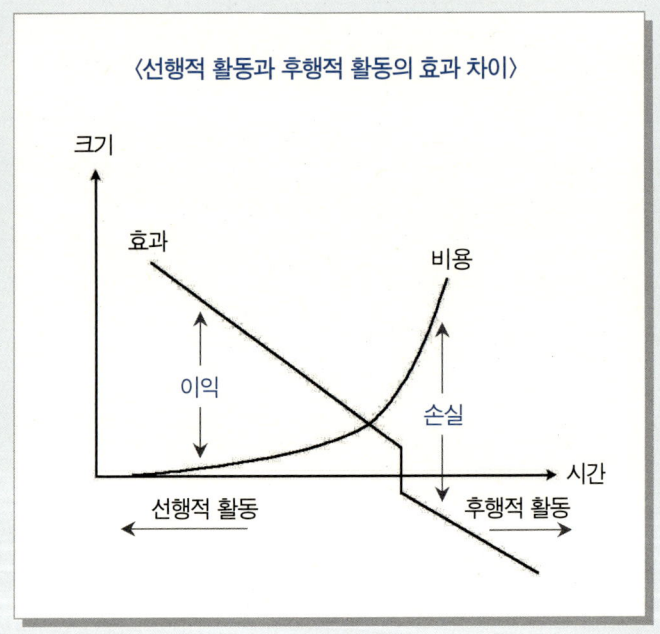

리더를 위한 Tip

✓ **약속**
- 신뢰의 중요성을 강조하고 자신이 직원들이나 고객들과 한 약속을 잘 지키며 직접 솔선수범한다.
- 업무 지시를 하면 반드시 점검에 대한 일정을 잡는다. 수시로 생각날 때 점검하면 사원들은 불안해하고 스스로 동기화 되어(empower) 일하는 마음이 없어진다.
- 약속을 안 지키는 사원들은 주의를 주고 '약속 = 신뢰'라는 것을 일깨워주어야 한다.

✓ **끈기**
- 한번 시작하면 끝을 본다는 자세를 보여주어야 한다.
- 목표를 설정하면 반드시 100% 달성을 하고, 100%와 99%는 목표 달성에 있어서 큰 차이가 있음을 알려준다.
- 항상 업무를 할 때 열정적으로 최선을 다하는 모습을 보여주고 열정적이지 못한 직원은 원인 분석을 하여 조언을 한다.

✓ **창의와 혁신**
- 직원들이 스스로 혁신을 하여 자신의 일이 편해지고, 생산성이 높아지고, 고객 만족도가 좋아지고, 영업 실적이 개선되는 성공 체험을 하게 하면 스스로 창의적인 혁신을 하게 되는 선순환이 된다.

리더를 위한 Tip

- 스스로 혁신하는 업무가 습관화될 때까지 강제적으로 시행하게 하는 제도를 활용할 필요가 있다.
- 직원들에게 무조건 창의적으로 일해야 한다고 지시해서는 효과가 없다.
- 막연하게 창의적 혁신을 강조하는 것보다 어느 정도 범위를 정해 주면 창의적 혁신을 이끌어내기 쉽다. 예를 들어 '비용을 줄이는 혁신적인 방법을 생각해 보자' 하는 것보다 '복사기 사용에 관련해서 용지 비용을 절감할 수 있는 안을 생각해 보자'라고 좀 더 구체적으로 범위를 정해 주면 실질적인 아이디어를 쉽게 도출해 낼 수 있다.

✓ **선행적 사고방식**
- 수시로 사원들과 장래 일어날 이슈에 대하여 대화하며 미래에 일어날 수 있는 일을 선행적으로 챙기는 습관을 갖도록 유도한다.
- 선행적으로 일을 하면 칭찬을 한다.
- 후행적으로 처리하여 문제가 발생할 경우 선행적 사고방식의 장점에 대해 강조하면서 무엇이 잘못되었는지 반성할 점들을 찾아 재발하지 않도록 한다.
- 시키는 일만 하면 장래 유능한 직원이 될 수 없음을 조언한다.
- 선행적으로 일을 처리하였을 경우 약간 잘못이 있더라도 큰 틀과 크게 어긋나지 않으면 격려를 하고 인내하면서 지켜볼 필요가 있다.
- 맥의 중요성을 강조하고 실제로 업무를 하면서 맥을 찾는 방법을 지도한

리더를 위한 Tip

다. 업무 지시를 할 경우에도 맥에 해당하는 내용으로 명확하게 지시해야 한다.
- '나는 우리 리더를 신뢰한다'라는 생각이 들도록 사원과 신뢰를 쌓아야 한다.
- 조직 책임자가 가장 어려워하는 것이 사원 평가이다. 평가 항목을 완전히 객관화시켜서 평가하기는 불가능하다. 조직 책임자와 사원 간에 신뢰가 없으면 공정한 평가를 하더라도 사원이 불만을 가지게 되는 경우가 많다.

VALUE ADDED

2장

가치 창출
(value added)

01. 스킬
02. 비즈니스 요구사항
03. 고객 중심

가치(value)라는 것은 눈에 보이는 상품과 달라서 측정이 주관적이고 쉽지 않다. 항상 회사에서 가치를 창출해야 한다고 하지만 서로 생각하는 것도 다르고 막연하게 느껴질 때가 있다.

  소비자들이 상품을 구매할 때 자기가 생각한 가치가 자기가 지불해야 하는 금액보다 같거나 클 때 구매를 한다. 가치에 비하여 값이 비싸다고 생각하면 DC를 요구하거나 안 되면 다른 매장을 방문하거나 대체품을 찾게 된다. 그래서 주어진 조건하에서 가치를 최대한 크게 만들어야 경쟁력이 있게 되고 활발한 구매 활동이 일어난다.

  가치를 제대로 창출하기 위해서는 스킬을 갖추어야 하고 비즈니스 요구사항을 파악하여 고객 중심으로 일해야 한다.

  이번 장에서는 스킬이 지식과 어떻게 다르며 무엇이 중요하고 어떤 종류의 스킬을 가져야 하는가를 보도록 하자.

01. 스킬
– 고객을 리드하는 힘

'아는 것이 힘이다'에서 아는 것이 모이면 지식이 되지만 지식을 가지고 실무에서 연습하고 훈련할 때 비로소 스킬(skill)이 된다. 일반적으로 직원들은 자기 개발이라고 하면 강의실에 앉아 강사로부터 강의를 받는 것이 전부라고 생각하는데 제대로 스킬을 개발하려면 이 생각부터 바꾸어야 한다. 업무에 필요한 스킬이 되려면 어떤 지식을 가지고 실제로 해보아야 비로소 자기 것이 된다.

어떤 직원이 리더십을 키우기 위하여 1일 리더십 강의에 참석하고 온다고 해서 리더십이 크게 생기지는 않는다. 단지 이론을 배우고 왔을 뿐이다. 이 직원으로 하여금 봄 소풍을 기획하고 장소 선정 및 진행 프로그램을 만들고 당일 전체 직원들을 리드하도록 한다. 또한 직원들의 만족도를 조사해서 분석한 후 향후 개선점을 찾아내게 한다면 오히려 이런 과정이 직원의 리더십 함양에 도움이 될 것이다.

특히 문제나 이슈가 발생하면 이를 해결하고자 최선을 다하여 여러 방법과 수단을 사용하게 되기 때문에 이러한 과정에서 얻은 스킬은 내가 직장생활을 하는 동안 정말 가치 있는 자산이 된다.

스킬은 OJT나 실무에서 익히는 것이 중요하다

필자가 시스템 엔지니어였을 때 고객의 큰 프로젝트를 진행하면서 네트워크 문제로 애를 먹은 적이 있다. 시스템 시작 D-10일인데 네트워크가 단절되어 있어서 가동을 못하여 무엇이 원인인지 도저히 찾을 수가 없었다.

요즘은 모니터링하는 도구들이 발달해서 단절된 정확한 원인과 위치를 바로 찾을 수 있지만 그 당시에는 네트워크를 관리하는 모니터링 도구가 엉성하여 그것을 찾기가 쉽지 않았다. 급기야 회사에 SOS를 하여 여러 명의 네트워크 전문가들이 매일 원인을 찾기 위하여 내가 있는 고객 사이트에 왔지만 도저히 모르겠다고 하면서 돌아갔다.

나는 시스템 가동 일자가 다가옴에 따라 초조하여 잠도 못 자고 네트워크에 관한 모든 매뉴얼을 읽으며 테스트하였다. 본사에서 전문가들이 교대로 와서 분석하고 테스트하기 때문에 48시간 동안 잠을 안 자고 일해 본 적도 있었다. 그렇게 일했더니 눈앞에 모니터가 보였다 안 보였다 하여 '이대로 가면 죽을 수 있겠다'라는 생각이 들었다.

D-1일 되던 날 고객 담당자들은 지쳐서 책상에 엎드려 자고 나만 혼자 터미널을 두드리고 있었다. 창가로 동이 터오는데 넓은 기계실에서 혼자 외로이 컴퓨터와 씨름하고 있으려니까 살아오면서 처음으로 고독하다는 생각이 들었다.

"이 전선들을 치워도 되나요?"

청소하는 아줌마가 바닥에 있는 전선 박스에 너저분하게 엉켜있는 케이블들을 가리키며 물었다. 그 순간 꽂혀 있어야 할 하나의 선이 통신 제어 장비에서 빠져 있는 것이 눈에 들어왔다. 그 선을 꽂고 테스트를 해보니까 모든 것이 작동되었다.

"감사합니다! 그대로 두세요. 제가 치우고 청소하겠습니다."

이 기쁜 사실을 알려야 하는데 아직 7시밖에 안 되어서 9시가 되기를 기다렸다. 네트워크 단절 원인을 찾아내어 모든 테스트가 완료되었다는 내용을 보고하니까 "신입사원인 왕영철 씨의 실력은 정말 대단하다"라는 내용이 회사와 고객 사이트 전체에 알려졌다.

지금까지 실무에 적용해 온 나의 네트워크 지식과 스킬의 90%가 그때 네트워크 단절 문제를 해결하려고 열흘간 보았던 매뉴얼과 경험에서 얻어진 것이다.

중요한 스킬은 강의실에서 이론을 배우는 것도 중요하지만 OJT나 실제 업무에서 익히는 것이 더욱더 중요하다.

스킬 개발의 주책임은 자신이고 회사, 팀장의 공동 책임이다

자기 개발은 급하지는 않지만 중요한 영역에 속해 있기 때문에 (3장 03. 우선순위에서 설명할 것임) 바쁘다 보면 실천하기가 쉽지 않다. 자기 개발을 제대로 못한 불만을 들어 보면 '업무에 바빠서 자기 개발할 시간이 없었다'와 '회사와 팀장이 나의 개발에 도움을 안 주었다' 등이 가장 많다.

자기 개발의 책임자는 회사, 팀장 그리고 자신이지만 자신의 책임이 가장 크다. 특히 "영어가 왜 제대로 안 되는가?" 하면 "바쁘기도 하고 회사에서 지원을 안 해 주어서 못했습니다"라고 하는데 전혀 맞는 말이 아니다. 토요일 일요일과 연결하여 휴가 내고 놀러 가는 것은 스트레스 해소 차원에서 중요하다. 그러나 반휴를 내고 업무 때문에 바빠서 그동안 읽지 못했던 책을 보면서 자습을 하는 것도 중요한 자기 개발 방법임을 알아야 한다.

그러면 우리가 개발해야 하는 중요 스킬은 어떤 종류가 있는가를 알아보자.

01-1. 산업 스킬

산업이라 함은 제조, 유통, 금융, 서비스 등 다양한데 자기가 다니는 회사는 적어도 하나의 산업 군에 속해 있다. 유통 산업의 경우 구매, 물류, 판매, 고객 관리 등의 업무 전반에 대하여 아는 것이 매우 중요하다. 특히 영업은 회사가 유지되기 위한 중요 수단이므로 모든 업무는 영업을 위해서 존재하게 되고, 영업 업무를 이해하고 경험하는 것은 지원 업무를 하면서도 매우 중요하다.

은행 창구에서 일하는 텔러라면 자기가 담당하는 업무의 내용과 어떤 절차로 고객의 예금을 처리해야 하는 것은 물론이고 자기의 업무가 다른 부서의 업무와 어떻게 연결되는가에 대해서도 이해해야 한다.

일반적으로 산업 스킬을 중요시하지 않고 자신의 업무에 바로 활용할 수 있는 전문 스킬을 더 중요시하는 직원들이 많은데 이것은 잘못된 생각이다.

그럼 왜 산업 스킬이 중요한 것인가?

1. 회사를 운영하려면 영업, 마케팅, 전략, 연구 개발, 물류 등이 필수적인데 산업에 따라서 실행 방법이 크게 다르다.

유통 산업의 직원이 유통에 대한 이해가 없이 유통 전략을 만들고 유통 영업을 한다면 유통 산업에 정통한 직원에 비하여 결과가 많이 뒤떨어질 것이다.

심지어 유통 회사에 솔루션을 제공하는 솔루션 판매 회사가 유통 산업에 관한 지식이 없다면 솔루션을 판매할 수 있을까? 판매가 불가능하지는 않지만 곧 한계가 올 것이다. 유통 산업을 모르면 고객사의 니즈가 무엇인지 모를 것이고, 고객사의 니즈에 부합하지 않는 솔루션은 아무런 경쟁력이 없다.

2. 창의적 혁신에 따른 가치(value)는 산업 특성에서 나온다.

경쟁은 다른 산업 간에도 있지만 동종 산업에서 매우 치열하다. 차별화하는 경쟁력은 창의적 혁신에 의하여 이루어지는데 주로 산업의 특성에 기인하게 된다. 예를 들어 자동차 산업의 경우 조립 공정, 도장 공정, 디자인 설계, 부품 업체와의 협업 관계, 미국과 일본 자동차 시장의 트렌드 등 자동차 산업을 이해하지 못하면 중요한 창의적 혁신이 불가능하다.

3. 다른 스킬과 비교하여 산업 스킬을 가지려면 오랜 시일과 경험이 필요하다.

다음에 설명하는 전문 스킬이나 업무 공통 스킬의 경우에는 후배가 열심히 하여 선배 사원의 역량을 앞지르는 경우를 많이 보았다. 그러나 산업 스킬은 경험을 많이 하고 익숙해지는데 많은 시간이 필요하기 때문에 좀처럼 경험이 많은 선배 직원을 앞지르기가 쉽지 않다. 즉 산업 스킬로 무장하게 되면 시간이 지남에 따라 사회에서 다른 직장인에 비하여 개인적으로 차별화된 역량을 보유할 확률이 높아지게 된다.

이와 같이 산업 스킬을 가져야만 회사에 더 많은 가치를 기여할 수 있고 자신의 경쟁력도 가질 수 있기 때문에 산업 스킬을 경시해서는 안 된다.

01-2. 전문 스킬

산업 스킬이 업무의 절차나 업무 내용에 관련된 것이라면 기술 스킬은 그 업무를 수행하기 위한 전문 스킬로 이해하면 된다.

예를 들면 컴퓨터에서 사용하는 C+ 자바 등 컴퓨터 랭귀지, 은행원이 사용하는 이자 계산 방법, 설계사가 사용하는 CAD(Computer-aided Design : 컴퓨터 이용 설계) 등이다. 산업과 맡은 업무에 따라 난이도는 다르지만 모든 일에는 전문 스킬이 있다.

그러나 같은 전문 스킬이라 하더라도 어떤 과정으로 스킬을 보유하는가에 따라 가치는 큰 차이가 있다.

1. 어떤 전문 스킬을 익힐 때 그 기술을 포함하고 있는 전체 개념에 대하여 이해하면 효율성이 높아지고 위험도를 줄일 수 있다.

세탁기를 수리하는 AS 요원이 세탁기 전체를 이해 못한다면 고장 난 곳을 찾을 때 시간이 많이 소요될 것이나. 또는 멀쩡한 부품을 여러 개 바꾸어 부품비를 낭비할 수도 있다.

컴퓨터의 프로그램을 수정하는 전문가가 있을 때 전체를 이해 못하고 문제된 곳을 잘못 수정하면 다른 프로그램에 영향을 주어 더 큰 문제를 일으키기도 한다.

2. 전문 스킬에 대한 원리를 이해하는 것이 중요하다.

원리를 알아야 그 기술을 잘 사용할 수 있고 응용력이 생겨서 창의적 혁신이 가능하기 때문이다.

  소매업 매장에서는 매일 상품을 발주하는데 발주하는 전문 스킬이 매우 중요하다. 부족하게 발주하면 재고가 바닥이 나서 판매 기회를 잃게 되고 과하게 발주하면 재고가 많이 남아 폐기 손실이 발생하기 때문이다.

  적정 발주량을 정할 때 적정 재고량과 현재 재고량, 2주간 팔리는 추세, 발주해서 매장에 도착하는 데까지 걸리는 시간, 날씨, 경쟁 점포 가격 등이 중요 변수라는 것을 이해하면 훨씬 더 정확한 발주를 할 수 있다. 또한 이를 개선하기 위한 창의적 혁신이 가능하게 된다.

01-3. 업무 공통 스킬

  모든 업무에 공통으로 필요한 스킬로써 커뮤니케이션, 프레젠테이션, 협상 등이 그것이다.

  프레젠테이션은 회사생활에 있어서 매우 중요한데 간과하는 경향이 있어 자세히 설명하고자 한다. 보통 PT라 하는 프레젠테이션(presentation, 이하 PT로 줄임) 스킬에 있어서 무엇이 중요한지 예로 들어보자.

  PT는 직장생활에 있어서 매우 중요한 스킬이다. 홍수가 났을 때 재난 예방 관리 책임자가 현재 상황을 보고하는 것은 브리핑이고, 고객 관리를 위하여 10억을 투자하여 시스템을 개발해야 한다고 보고하면 PT다. PT는 브리핑과 달리 의사결정자와 이해 관계자들을 대상으로 설득해야 한다.

　PT의 내용이 어떻게 꾸며졌는가와 이것을 어떻게 발표하는가 하는 것이 모두 중요하다. 내용이나 발표 둘 중에 하나라도 잘못되면 추진하고자 했던 일을 관철시키지 못하게 된다. 또한 PT는 윗사람이나 고객이나 이해 관계자들에게 발표하기 때문에 나의 역량을 보여줄 수 있는 매우 중요한 도구다. 역량은 있는데 PT에 실패하여 자기의 역량이 과소평가되어 진급에 누락되기도 하고, 고객에게 제안서를 발표할 경우 계약 성사에 중요 요소가 되기도 한다.

　그래서 나는 직원이 PT 자료를 만들고 발표할 경우 직원의 장래를 좌우할 수 있으므로 특히 경험이 없는 직원들은 자료 기획부터 발표까지 관여하면서 훈련시킨다.

　앞에서 언급한 바와 같이 PT 스킬도 깅의실에서 이론은 배울 수 있지만 실전에서 익히는 것이 매우 효과적이다. 나는 많은 PT를 해 보았고 또한 많은 PT를 받아보았다. 직원들이 PT를 마치면 의사결정을 한 후에 부차적으로 오늘 PT에서 구성상 문제가 되었던 내용과 직원들의 PT 자세에 대하여 조언을 하곤 하는데 매우 효과적이었다. 보고자별로 조언을 하면 다음 PT할 때는 조언했던 부분을 개선하려는 의지가 보이고 결국 바람직한 발표자가 되는 것을 볼 수 있었다.

PT 자료를 만드는 방법과 직원들에게 주로 많이 하는 조언과 PT 리허설에 대한 평가 항목에 대하여는 부록을 참조하기 바란다.

01-4. 어학

어학 중에서 영어를 가장 많이 쓰는데 필자가 학교 다닐 때의 영어 학습 방법은 문제가 많았다. 원어민의 발음은 거의 들어볼 기회가 없었고 주로 능동태와 수동태, 가정법 등 문법에 치중하였다. 그래서 영어 듣기를 못하여 겪은 해프닝도 많았다.

내가 컴퓨터 회사에 입사할 당시에는 국내에는 교육 시설과 콘텐츠가 제대로 준비되어 있지 않아서 홍콩에 있는 교육 센터에서 몇 달씩 집체 교육을 받았다. 10개국에서 모인 한 클래스의 50명 중에 한국에서 온 훈련생은 나와 동료 두 명뿐이었다.

교육은 케이스 스터디 형태로 꾸며져 있는데 비효율적인 문제가 많은 가상의 한 회사를 만들어놓고 그 회사에 관하여 문제점을 파악하고 해결할 수 있는 솔루션을 만들어야 한다. 만든 결과물을 가지고 매니저의 결재를 받아 고객에게 제안하고 프레젠테이션을 하여 계약하는 일련의 영업 과정이다. 소그룹을 만들어 매일 토론을 하는데 모두 영어로 의사소통해야 한다. 또한 매주 이론에 대한 시험과 실전에 대한 평가가 있어 만만치 않은 과정이다.

처음 듣는 영어 강의라서 들리지가 않아 녹음을 하여 숙소에 돌아와 들어 보곤 하였는데 안 들리기는 매한가지였다. 매뉴얼을 스크린에 비추면서 설명하면 문장을 보면서 그런대로 대충 이해는 할 수 있었다. 그러나 어떤 강사가 주인을 보고 있는 개 그림 한 장을 스크린에 올려놓고 한 시간 강의를 하는데 전혀 이해가 되지 않았다. 숙소에 돌아와 동료와 노트를 비교해 보았는데 내 노트에는 한 줄, 동료의 노트에는 두 줄을 적어놓은 것이 전부였다. 결국 영어를 잘하는 싱가포르 훈련생을 찾아가 사정을 하고 노트를 빌렸는데 강의 내용이 3페이지에 걸쳐 빽빽하게 적혀 있었다.

한 반을 10명씩 그룹으로 나누어 그룹마다 한 어드바이저를 배정하고 방과 후에는 어드바이저와 함께 과제에 대한 추가 토론과 준비를 하곤 하였다. 가끔 아침에 가면 어드바이저가 우리 한국인 두 명에게 "어제 방과 후 토론회가 있으니 참석하라고 했었는데 왜 두 명은 참석하지 않았냐?"고 물었다. 한번은 반장이 단상에 나와 "지난주 강사가 맹장염 수술을 하여 병원에 꽃과 과일을 사가시고 문병을 갔다 왔는데 두 명이 회비를 안 냈습니다"라고 말하였다. 두 가지 모두 한국인 두 명만 말을 못 알아들어 일어난 해프닝이었다.

요즘 신입사원들을 면접해 보면 대부분 토익 점수도 높고 영어로 말도 잘하여 여기서는 어학에 대하여 크게 강조하지는 않겠다. 그러나 아직도 영어를 왜 해야 하는지 몰라서 영어를 게을리 하는 직원들이 많다. 국내 회사 중에서 삼성전자나 LG전자처럼 글로벌한 회사가 아니면 당장 영어를 못해서 업무를 못하는 것도 아니고 영어를 사용할 기회가 없기 때문에 더욱더 영어를 안 하는 경향이 있다.

우리나라는 예로부터 오일 등 자원이 부족하여 스스로 자급자족하면서 사는 것이 불가능한 나라다. 전 세계에서 국민 총생산 대비 수출입 비중이 가장 높은 나라 중에 하나다. 그래서 국제적으로 무역을 하면서 살아야 하고 무역을 잘하고 상품이 국제적인 경쟁력을 가지려면 각 나라의 문화를 이해하고 정보를 수집하고 의사 소통을 해야 한다. 그런데 불행히도 한글이 세계 공통어가 아니기 때문에 영어는 필수다. 게다가 실무에 사용할 정도의 영어를 익힌다는 것은 짧은 시간에 할 수 있는 것이 아니고 오랫동안 반복 연습을 해야 가능하다.

어학을 게을리 하면 장래 좋은 기회를 놓칠 수 있다

그래서 지금 당장 업무에 지장이 없더라도 미래를 위해서 선행적으로 어학을 준비해야 한다. 나도 영어 방송을 들으면서 출근하는데 매일 조금씩이라도 시간을 내어 영어를 가까이 하는 것이 영어 실력을 향상 또는 유지하는 데 도움이 된다.

영어를 선행적으로 준비하지 않으면 장래에 회사에서 좋은 기회가 주어졌음에도 그 기회를 포기해야 하는 불행이 찾아올 수 있음을 유념해야 한다. 자기의 진로에 좋은 기회가 왔을 때 영어 실력이 모자라 그제야 아차 싶어 준비하더라도 어학을 준비하는 데는 긴 시간과 노력이 필요하므로 기회는 가버리고 후회만 남게 된다.

이와 같이 스킬에 대하여 알아보았는데 이제 스킬을 비즈니스와 고객과 연결하여 어떻게 가치 창출을 할 것인지에 대하여 다음 장에서 설명하고자 한다.

02. 비즈니스 요구사항(business requirement)
- 투자비용의 최적화

　비즈니스라 하면 보통 사업이나 영업을 말하지만 넓은 의미로는 일 자체를 의미한다.
　회사 업무를 하면서 일괄적으로 시행하지 않고 비즈니스 환경에 따라서 다르게 적용하는 것을 말한다. 비즈니스 요구사항을 고려하지 않고 일괄적으로 시행하면 투자하는 비용에 비하여 효율이 떨어지므로 항상 비즈니스 요구사항을 기준으로 해야 한다.
　예를 들어 슈퍼마켓을 오픈하는데 소득 수준이 높은 지역에서 고가의 상품이 잘 팔린다고 소득이 낮은 지역에도 동일한 고가 상품을 취급하면 실패할 수도 있다. 소득 수준에 따라 해당 지역의 슈퍼마켓에 상품의 종류를 선택하는 것이 비즈니스 요구에 따르는 것이다.
　편의점에 들어가 보면 상품 구색이 거의 같게 보이지만 편의점 위치가 동네인지 유흥가인지 또는 오피스 지역이냐에 따라 다르다. 이렇게 위치에 따라 상품을 다르게 진열하는 것이 비즈니스 요구에 따르는 것이다.

회사에는 컴퓨터 디스크에 저장할 많은 정보가 있다. 디스크는 데이터를 저장하고 찾는 속도가 빠른 고가인 디스크와 속도는 느리지만 저가인 디스크가 있다.

모든 데이터를 빠르고 고가인 디스크에 저장하면 좋겠지만 투자비용이 매우 크다. 반면에 매장에서 고객의 구매와 관련된 데이터는 빠른 고가 디스크에 저장하고 1년에 단지 몇 번 찾아보고 빠른 속도가 필요 없는 과거의 데이터는 저가 디스크에 나누어 보관하여 디스크 비용을 절감하는 것이 비즈니스 요구사항을 반영한 것이다. 비즈니스 요구에 따라 투자를 적정하게 배분하는 것을 옵티마이징(optimizing : 최적화)이라고 하는데 다음 도표를 보면 쉽게 이해할 수 있다.

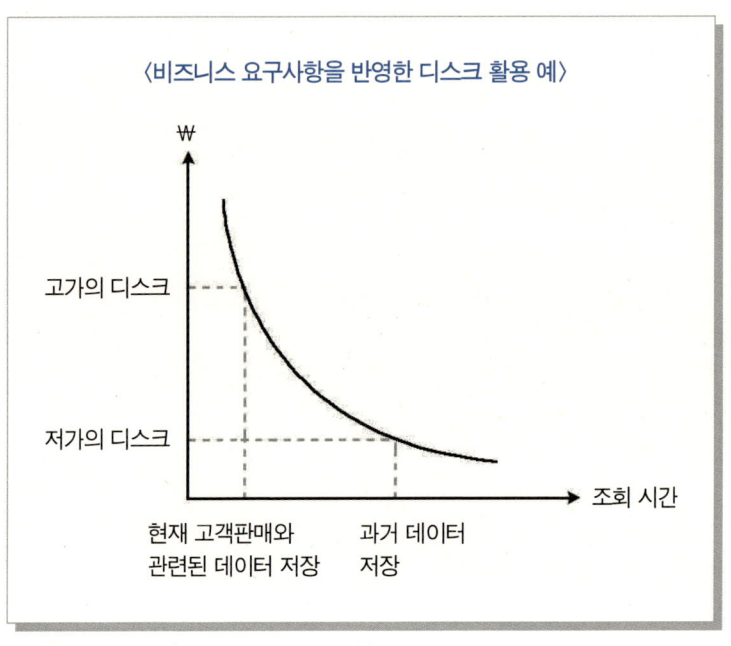

비즈니스 요구사항은 고객의 니즈로부터

비즈니스 요구사항은 고객의 니즈와 밀접하게 관련되어 있다. 요즘 스마트폰이 대중화되면서 각 회사에서는 어플을 만들어 비즈니스에 활용하고 있다. 그런데 어플에 가치(value)가 없으면 사용자들이 한 번 보고 지워버리기 때문에 어플에 어떤 가치를 더하여 만드는가 하는 것이 성공의 관건이다.

직원들이 모여서 편의점 어플에 어떤 가치를 더할까에 대하여 토론을 하면서 중요한 고객의 니즈를 찾아냈다. 편의점에 가면 1

+1 또는 2+1의 형식으로 판촉 활동을 많이 하는데 어떤 경우에는 하나를 더 주어서 곤혹스러울 때가 있다. 아이스크림을 하나 샀는데 하나를 덤으로 주었다면 한 번에 두 개 먹기에는 많고 그렇다고 들고 다닐 수도 없기 때문이다.

그래서 고객이 원하면 증정품을 어플에 보관해 주고 나중에 먹고 싶을 때 아무 편의점에 가서 찾아 먹는 '나만의 냉장고'라는 어플을 생각해 내었다. 어플은 대성공이었고 지속해서 고객들이 애용하고 있으며 특허로 등록이 되었다.

비즈니스 요구사항과 관련이 있으면서 가치 창출에서 아무리 강조해도 지나치지 않은 항목이 다음에 설명하는 고객 중심의 사고방식인데 매우 중요하므로 정독하기 바란다.

03. 고객 중심
- 회사가 성장하는 원동력

　사회생활을 하면서 가장 많이 등장하는 단어가 고객이다. 사회생활을 하게 되면 자연스럽게 고객을 위해서 일하게 되는데 돈을 지불하고 상품과 서비스를 구매하는 '외부 고객'이 있다. 그리고 회사 내에서 지원 부서에서 일하고 있으면 영업 부서가 고객이 되는데 '내부 고객'이라 부른다. 그래서 어느 누구를 막론하고 사회생활을 하는 동안 고객을 피할 수가 없고 모든 매출이 고객의 구매 활동에서부터 시작되므로 고객 수가 감소하게 되면 회사는 생존할 수 없게 된다. 고객의 니즈를 명확히 파악하고 최우선적으로 고객의 불만을 해결하며 회사의 의사결정을 고객을 기준으로 하는 것이 고객 중심이다.

　나는 첫 직장에 입사하자마자 고객의 불만과 그로부터 얻게 되는 스트레스가 얼마나 큰지 경험하였다. 요즘은 대중화되어 있지만 나의 신입사원 시절에는 에어컨이 비싸고 귀한 시절이었기 때문에 다가올 여름에 사용할 에어컨을 연초에 예약을 받았다. 아마 주된 예약자가 대기업의 회장, 사장, 정부의 고위직이었던 것으로 기억된다.

통상 에어컨이 6월에는 출시되어 설치되어야 하는데 콤프레셔라는 부품이 수입이 안 되어 7월에도 공급되지 못하였다. 매일 출근해서 불만에 찬 고객들로부터 욕을 먹는 일이 하루 일과의 시작이었고 불만을 조금이라도 줄여 보기 위하여 각 고객 집을 다니면서 사과하는 일이 주요 업무 중의 하나였다. 결국 수입이 제때에 안 되어 거의 삼복더위가 끝날 무렵 에어컨이 배달되었는데 입사 첫해에 겪은 고객에 대한 쓴 경험이었다.

고객 중심이란 고객을 가슴에 담는 것이다

컴퓨터 회사로 옮겼을 때 모든 업무가 고객 위주로 되어 있는 것에 감동을 받았고 그 후 직장생활을 하는 데 있어서 고객에 대한 마음가짐을 다지는 계기가 되었다. 경비원부터 사장까지 인사 고과 내용을 보면 모든 기준이 고객으로 되어 있다. 사장부터 말단 직원까지 논란을 벌이다가 결론을 내는 것을 보면 항상 고객이 기준이 되었다. 사장님과 함께 회의를 하다가 고객이 찾을 경우 자리를 뜨는 것도 양해가 되었다. 보통 시장에 가면 '고객이 왕'이라고 써 붙인 가게가 눈에 띄는데 실제로 고객을 왕처럼 생각하고 있는가 하는 것이 중요하다. 그래서 고객 중심이라 함은 말로만 해서는 의미가 없고 진정으로 고객을 가슴에 담아야 한다.

내가 진정으로 고객을 가슴에 담고 있는가를 알아보기 위하여 다음 사항을 스스로 체크해 보면 된다.

1. 고객이 불만을 토로할 때 이 불만이 긍정적으로 들리는가?

고객이 불만을 심하게 터트릴 때 이를 듣기 좋아하는 사람은 거의 없을 것이다. 이러한 고객의 불만을 긍정적으로 생각하려면 어떤 마음을 가져야 할까?

고객이 불만을 심하게 토로할 때는 우리 회사와 나에 대한 기대치가 그만큼 크다고 생각하면 된다. 영업을 하면서 "요즘 우리 회사 제품을 사용하는 데 문제가 없는지요?" 하고 질문했을 때 아무 생각이 없이 "별 문제 없습니다. 잘 되고 있습니다"라고 불평 없이 대답하는 고객들은 한번 주의 경계할 필요가 있다. 왜냐하면 얼마 후에 가보면 우리 회사 제품에서 다른 회사의 제품으로 변심할 수 있는 위험한 고객이기 때문이다.

나의 월급은 고객으로부터 나온다

또한 나의 월급은 고객이 준다고 생각하면 고객의 불만을 긍정적으로 생각하는 데 도움이 된다. 일반적으로 봉급을 누가 주냐고 질문하면 "사장님이 줍니다", "회사가 줍니다"라고 대답을 하는데 현금의 흐름의 근원지를 찾아가 보면 고객의 구매로부터 시작되는 것을 알 수 있다. 고객이 우리 회사의 제품을 사주지 않으면 회사가 도산할 수밖에 없고 내 봉급도 받을 수 없게 되니 고객이 나의 봉급을 준다는 것은 틀림없는 사실이다.

2. 만약 고객이 발을 씻어 달라고 할 때 내 손으로 고객의 발을 씻어줄 수 있는가?

누군가의 발을 씻어준다는 것은 매우 특별한 일이다. 부모님 세족식이나 봉사활동 가서 몸이 불편한 노인들을 목욕시킬 때 하는 매우 드문 일이다. 발을 씻어줄 때 존경, 감사함, 배려심 등이 없으면 쉽지 않은 행동이다.

고객이 발을 씻어 달라고 하지도 않겠지만 우리가 고객을 가슴에 담으려면 이 정도로 고객을 생각하여 진심 어린 서비스를 해야 한다는 것이다.

불만이 많은 고객은 우리 회사와 나에 대한 기대치도 크다

컴퓨터 회사에 근무할 때 고객사의 전산 책임자는 컴퓨터 영업에 있어서 의사결정을 하는 매우 중요한 분들이다.

그 당시 국내에 전산 책임자 중에서 매우 터프하기로 유명한 전산 책임자 3인방이 있었는데 그 중에 두 분을 내가 담당하였다. 예전에 터프한 전산 책임자들의 공통 사항은 지원에 대하여 매우 불만이 커지면 담당자들에게 고객사에 들어오지 말라고 통행금지령을 내리곤 하였다. 출입을 못하면 지원 자체도 어렵지만 영업 활동을 전혀 못하게 되기 때문에 매우 심각한 문제였다. 또 회사 내에서 직속 임원에게 고객의 불만이 많아 출입이 금지되었다는 것을 어떻게 설명할 것인가? 지금 생각하면 고객 입장에서는 출입금지가 불만을 최대한 표시할 수 있는 방법 중의 하나였다.

"큰일 났습니다. 고객이 최근 우리 지원에 불만이 많아 출입금지를 알려 왔습니다."

걱정도 되고 고객으로부터 야단맞는 것이 싫어서 가고 싶지 않지만 '나는 영업하는 사람이다'라고 마음을 강하게 먹고 '고객의 불만이 클수록 고객의 얼굴을 보면서 해결한다'라는 나의 영업 좌우명을 생각하면서 바로 고객사를 방문하여 전산 책임자를 만났다.

"왜 들어왔지요? 출입금지 전달 못 받았나요?"

"네, 전해 들었습니다. 그래서 마지막으로 인사드리려고 왔습니다."

고객 책임자는 불만의 표시로 앉으라고 하지 않고 본인의 일만 하는데, 일 마칠 때까지 계속 서서 기다리면 결국 옆에 와서 앉으라고 하면서 쌓여 있던 불만을 토로하기 시작한다. 고객이 불평을 할 때는 잘 듣는 것이 매우 중요하지만 노트에 기록하는 것도 문제를 해결하겠다는 의지를 보여주기에 좋은 습관이다.

그리고 고객이 불만에 가득 차 무엇인가 여러 가지를 요청하고 있을 때 일단 조사하여 알려주겠다고 하는 것이 좋다. 즉석에서 "그것은 어떠한 이유 때문에 할 수가 없습니다"라고 잘라서 거절하는 것은 바람직하지 않다. 어려운 난제일수록 방법을 다시 한 번 찾아보고 답을 하는 것이 나의 노력도 보여줄 뿐만 아니라 답의 신뢰성도 높여준다. 고객의 불만을 듣는 것 자체로 그 고객의 불만을 절반으로 줄일 수 있다.

"오늘 말씀하신 항목들은 재조사해서 3일내에 답변 드리겠습니다"라고 말씀을 드리고 회사에 돌아와서 재조사를 하였다. 워낙 해결이 어려운 건이라서 결국 다섯 개 중 한 개만 해결하고 네 개는 어떤 이유로 불가하다는 것을 3일 후에 다시 방문하여 설명해 드렸다. "수고 많았네. 나도 상황을 알기 때문에 모두 해결될 것이라고 기대하지는 않았네. 앞으로 더욱 철저한 지원을 당부하네" 하고 마음을 푸셨다. 이런 일을 해결하고 나면 항상 전보다 더 고객과의 관계가 좋아지고 고객으로부터 신뢰도 더 많이 얻었다는 느낌이 들었다.

고객의 큰 불만을 해결할수록 영원한 고객이 된다

편의점을 운영하는 가맹 점주들을 경영주라고 부른다. 편의점의 수입으로 생계를 유지하는 경영주가 대부분이기 때문에 전산 장애로 인하여 영업에 영향을 받으면 불만이 대단하다.

제주도에 한 가맹점이 있었는데 영업하는 데 지원에 문제가 있다면서 불만이 많았다. 마침 거기에 전산 장애가 있었는데 바로 해결이 안 된다고 하면서 계속 해피콜(장애가 있을 때 접수하는 곳)에 올렸다. 컴퓨터에 장애가 났을 때 아예 죽어서 살아나지 않으면 원인 찾기가 쉽다. 그러나 잘 돌아가다가 가끔 장애가 나는 경우는 그 장애가 다시 발생할 때까지 원인을 찾는 것이 쉽지 않아서 애를 먹는다.

이런 장애로 인하여 불만이 가중되면서 많은 직원들이 방문하여 설명하고 사과하여도 해결이 안 되어 영업부 직원들이 몹시 힘들어 하기 때문에 결국 전산 담당인 필자가 방문하기로 하였다. 이슈가 발생해서 불만이 있는 고객들을 만나서 해결하는 것은 오래전부터 습관이 되어 있다.

저녁식사라도 하려고 금요일 오후에 찾아뵙겠다고 경영주께 전달을 했는데 "나는 금요일 오후에는 매장에 안 나가니 오지 말라"고 영업사원을 통하여 연락이 왔다. 그럼 오전에 찾아뵙겠다고 하고 제주 항공편을 알아보니까 크리스마스 바로 전이라 6시 50분 첫 항공편밖에 없었다.

첫 항공편으로 제주도에 도착하여 현지 영업 담당과 경영주가 가지고 있는 불만과 대안을 정리하고 11시에 방문하였다. 면적이 작은 편의점에는 한구석에 백룸이라는 작은 방이 있어서 상품도 보관하고 PC를 이용하기도 한다. 나는 좁은 백룸에 함께 앉아 2시간 가까이 불만을 들으면서 "네, 네"를 반복하며 경청하였다. 가끔 경영주의 눈치를 살피면서 "경영주님 말씀도 맞습니다만 저희도 이러 이러한 애로 사항이 있습니다" 또는 "이런 관점에서 한번 생각해 보시면 어떨까요?"라고 조심스럽게 의견만 표시할 정도였다.

어떤 내용은 '저건 분명 아닌데'라고 생각이 들면서 속에서 뭔가 올라오는 것도 느꼈지만 '경영주님이 진정 우리 회사에 대한 기대치가 많으시구나, 내 봉급은 경영주님이 주시는 거야'라며 내 속마음을 달래고 있었다. 그러나 많은 설명과 재발 방지에 대한 액션 플랜(action plan)과 죄송함을 말씀드렸음에도 불구하고 "난 이젠 할 얘기 다 했으니 가겠습니다"라며 일어서는 것이었다.

이대로 물러설 수는 없어서 경영주께 긴급 제안을 하였다.

"경영주님, 점심시간 넘었는데 점심 같이 하시죠."

"점심 먹을 생각 없습니다. 돌아가십시오."

"경영주님, 그 일은 그 일이고 어차피 점심 드셔야 하니까 같이 가시죠. 제주도 갈치조림이 맛있다고 하던데 근처에 맛있는 집 있으면 안내 좀 해주세요. 멀리 서울에서 온 성의를 생각해서요."

마지못해 경영주가 근처에 있는 갈치조림 식당으로 안내하였다.

식사하는 동안 회사 문제에 대한 내용을 제외하고 제주도 생활에 대하여 여러 가지 질문을 하였고 내 사생활에 대한 이야기를 했더니 경영주도 자연스럽게 자식과 아내에 대해 이야기도 하고 편의점 운영에 있어서 애로 사항 등을 설명하였다. 허심탄회하게 대화하다 보니까 각자 나이도 알게 되었고 식사를 마칠 때쯤 경영주가 "형님, 앞으로 지원 잘 부탁합니다"라고 말을 하면서 가벼운 마음으로 식당을 나왔다.

점심도 못 먹고 점포에서 초조하게 기다리던 영업 담당자가 둘이 화기애애하게 대화하면서 걸어오는 것을 보고 '식당에서 무슨 일이 일어났을까?' 하고 반신반의하는 눈으로 쳐다보았다.

사무소에 돌아와 담당 직원에게 경영주와 식사하면서 있었던 무용담을 들려주고 마음을 열어준 경영주에게 감사함과 해결했다는 성취감을 느끼면서 서울행 비행기에 올랐다.

고객이 없거나 고객을 피할 수 있는 직업은 없다

수많은 불만스런 고객들을 만나면서 경험한 것은 불만이 많을수록 고객 앞으로 가서 잘못을 사과하고 액션 플랜(action plan)을 말하고 그대로 실천을 하는 것이다. 그렇게 하면 불만이 거의 해결되어 그 고객과 전보다 더 가까워지고 고객도 우리 회사를 더 신뢰하게 된다는 것이다. 지금까지 적어도 나쁜 상황을 더 악화시키는 일은 없었으니 '밑져야 본전'이라는 생각으로 고객이 불만을 토로할 경우 무조건 고객의 얼굴을 보는 것은 실행할 만한 충분히 가치 있는 일이다.

내가 조직 책임자로 일할 때 어떤 고객의 담당 영업사원을 바꾸려고 하는데 영업사원이 일을 잘한다며 고객이 영업사원을 바꾸지 못하게 하여 곤혹스러웠다. 그러나 더 곤혹스러운 것은 고객이 담당 영업사원의 문제를 지적하면서 일 잘하는 다른 영업사원으로 교체해 달라고 하는 것이다. 그러면 교체해야 하는 영업사원의 사기 문제도 있으니 고객의 불만을 오해하지 않도록 문제가 된 영업사원에게 잘 전달해야 하고 가급적 연말에 인사 이동할 때 교체해야 하는 어려움도 따르기 마련이다.

그런데 어떤 영업사원이 담당하는 고객사마다 그 영업사원은 문제가 있다면서 고객이 교체 요청을 하게 되면 어쩔 수 없이 영업사원에게 전직을 권하는 수밖에 없다. 그 사원은 자신의 서비스 역량으로 생존할 수 있는 종류의 업종으로 바꾸어야 하는 것이다.

당장은 어렵고 서운한 일이지만 그 사원의 장래와 회사를 위하여 어렵더라도 설득하여 실행할 수밖에 없다. 직원을 보내면서 "어느 직장에 근무하거나 개인 사업을 하더라도 이 세상에는 고객을 떠나서 할 수 있는 일이 없습니다. 피카소같이 예술 작품을 창작하는 미술가라면 고객이 덜 중요할지도 모릅니다. 고객이 당시에는 그림을 이해 못하여 후에 평가를 받았으니까요. 고객에 대하여 무슨 부족함이 있었는지 생각해 보고 앞으로 어떤 일을 하더라도 고객의 불만이 없도록 노력하여 부디 성공하기를 바랍니다"라고 충고를 했다.

요 약

✓ **스킬**
- 연습과 훈련을 통한 스킬
- OJT나 실무에서 스킬 쌓기
- 스킬 개발의 주 책임자는 자신
- 회사, 팀장은 공동 책임자
- 급하지는 않지만 중요한 영역

산업 스킬
- 제조, 유통, 금융, 서비스 등
- 가치 쇠사슬(Value Chain)에 대한 이해
- 담당 업무에 대한 이해
- 타 부서와의 연결 이해
- 중요한 이유
  - 산업에 따라서 영업, 마케팅, 전략 등이 다르다.
  - 창의적 혁신에 따른 가치 창출
  - 스킬 개발에 오랜 시일과 경험 필요

전문 스킬
- 업무를 수행하기 위한 전문 스킬
- 컴퓨터 : C+, 자바

- 은행 : 이자 계산식
- 설계사 : CAD
- 중요성
  - 전체 개념 이해
  - 기술의 원리 이해

▌업무 공통 스킬

- 커뮤니케이션(communication)
- 프레젠테이션(presentation) : 설득을 해야 함
- 협상
- 기타

▌어학

- 장시간 소요되어 꾸준한 노력이 필요
- 게을리 하면 장래 기회를 놓칠 수 있음

✓ 비즈니스 요구사항(business requirement)

: 투자 비용의 옵티마이징(optimizing)

- 비즈니스 요구사항은 고객 니즈와 밀접한 관계
- 비즈니스 요구사항에 따라 투자 비용을 옵티마이징
- 의사결정의 가장 중요한 기준

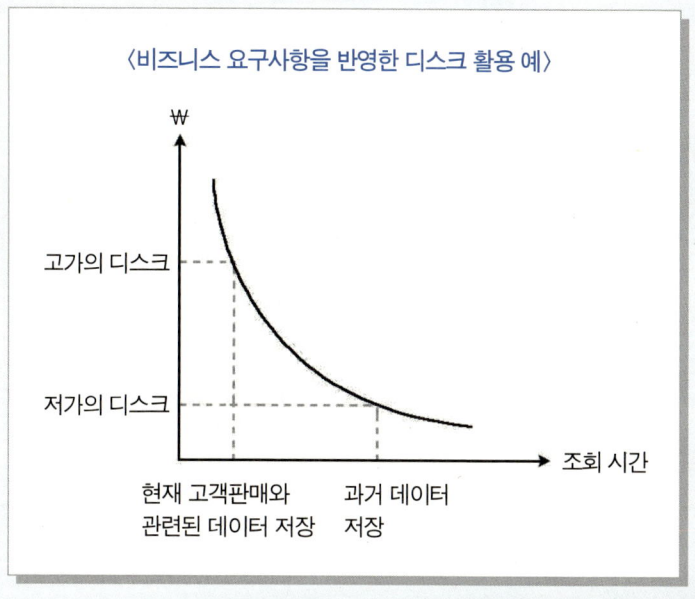

〈비즈니스 요구사항을 반영한 디스크 활용 예〉

✓ **고객 중심 : 회사가 성장하는 원동력**
- 고객 중심이란 고객을 가슴에 담는 것이다.
- 고객의 불만을 긍정적으로 듣기
  - 나의 월급은 고객으로부터 나온다.
  - 불만이 많은 고객은 우리 회사와 나에 대한 기대치가 크다.
- 불만을 해결하면 영원한 고객이 된다.
- 고객이 없는 직업은 없다.

리더를 위한 Tip

✓ **스킬**
- 자기 개발은 강의뿐만 아니라 실무가 중요하다는 자기 개발에 대한 개념을 재정립해 주어야 한다.
- 사원을 위한 자기 개발 수립은 취미 활동이 아니므로 비즈니스 요구사항을 기준으로 만들어야 하며 각자의 진로 계획을 참조한다.
- 분기에 10분씩 자기 개발 실행 사항에 대하여 중간 점검한다.
- 교육을 받고 오면 간단하게 동료들에게 전달 교육을 하여 공유하게 하면 효과적이다.
- 자기 개발할 수 있도록 중요한 세션에 참석하게 하고 평상시 리더는 사원의 자기 개발에 대한 관심을 보인다.
- 프레젠테이션 : 사원들이 발표할 때 문제점을 조언하여 주고 중요한 PT가 있으면 사전 점검을 해준다.
- '나는 우리 리더 덕분에 발전한다'라는 생각이 들도록 사원들의 자기 개발에 관심을 가지고 노력해야 한다.

✓ **비즈니스 요구사항**
- 의사결정을 할 때 항상 비즈니스 요구사항 중심으로 한다.
- 직원들이 방향을 못 잡을 때 항상 비즈니스 요구사항을 물어본다.
- 품의서를 작성하거나 PT 자료를 만들 때 고객의 입장에서 비즈니스 요구사항을 기준으로 작성하게 하면 효과적이다.

리더를 위한 Tip

✓ **고객 중심**
  - 고객을 위한 행동을 솔선수범한다.
  - 불만이 많은 다루기 힘든 고객일수록 고객 앞으로 가서 적극적으로 문제를 해결하는 모습을 보여준다.
  - 고객의 불만을 원만히 해결하면 고객과 더욱 가까운 사이가 되고 비즈니스에 도움이 되는 성공 체험을 하게 한다.
  - 고객 없는 직업이 없다는 것을 강조하고 어려울수록 고객 앞으로 다가가 해결할 것을 권장한다.

3장

일하는 자세
(attitude)

01. 팀워크
02. 현장주의
03. 우선순위
04. 적시에 하는
    에스컬레이션과 액션
05. 정도 경영
06. 긍정적 사고방식
07. 맥을 짚어 일하기

지금까지 주인의식을 가지려면 어떤 행동이 중요하고, 가치를 창출하려면 무엇이 중요한지에 대하여 설명하였다.

이 외에 일하는 자세 측면에서 무엇이 중요한지 살펴보기로 하자. 일하는 자세가 좋으면 동료들로부터 좋은 평가를 받을 뿐 아니라 무엇보다도 자신의 업무를 효율적으로 할 수 있어서 성과가 좋아진다.

일하는 자세에는 많은 항목들이 있지만 상식적인 것들은 제외하고 직장생활을 하면서 가장 유용하고 놓치면 문제가 될 수 있는 항목들을 골라 보았다.

바쁜 중에도 업무의 생산성을 높여 여유를 가지게 하고 즐겁고 보람찬 회사생활을 하게 해주는 팀워크, 현장 주의, 우선순위, 긍정적 사고방식과 맥을 짚어 일하기 등의 항목을 선정하였다. 그리고 적시에 하는 에스컬레이션(escalation)과 액션(action), 정도 경영 등의 항목을 추가하였는데 잘못되면 문제가 커지게 되는 항목들이다.

우선 동료들과의 관계에서 가장 중요한 팀워크에 대하여 왜 중요한지와 잘할 수 있는 방법이 무엇인지 알아보도록 하자.

01. 팀워크
- 직장생활을 즐겁게 한다

팀워크는 사전적 의미로 공동의 목표를 위하여 각자의 힘을 더하고 시너지를 내서 협력하는 것을 말한다. 회사에서 무슨 일을 하든지 혼자서 할 수 있는 일은 거의 없다. 결재 문서를 작성하여 결재를 받는 일도 혼자 한 것 같지만 실은 상급자와 관련 부서와 이미 함께 일하고 있는 것이다. 넓은 의미로 보면 일하는 부서에 팀장이 있으면 이미 팀에 속해서 일하고 있고 작은 팀들이 모여서 부문이라는 팀을 만들고 부문이 모여서 본부라는 팀을 만든다. 좁은 의미로 보면 TFT(Task Force Team) 같은 프로젝트를 달성하기 위한 팀을 들 수 있다.

회사의 목표를 달성하려면 다양한 사람의 다양한 스킬이 필요하기 때문에 팀워크가 매우 중요하고, 두 명 이상의 사람들로 구성되어 있기 때문에 사람 관련 문제가 많이 발생하기도 한다. 직원들이 애로 사항을 말할 때 가장 심각한 문제 중의 하나가 팀워크에 문제가 있다고 말하는 것이고 팀장이나 소속 장들도 팀워크에서 문제가 발생하면 매우 심각하게 생각해서 원인을 규명하고 대책을 마련하게 된다.

스스로 움직이는(empower된) 팀워크가 중요하다

팀워크가 필요한 조직은 구성원이 두 명 이상이고 달성할 공동 목표가 있으며 각자의 역할 분담이 명확해야 한다.

축구팀을 예로 들어보자. 11명과 후보 선수들로 구성되고 우승을 하고자 하는 목표가 있으며 공격수, 미드필더, 수비수, 골키퍼 등 역할을 분담하여 경기를 한다. 우승을 하려면 선수들 기량이 뛰어나고 응원단도 많고 선수들 대우도 잘해 주고 명감독 등 여러 조건들이 있겠지만 주어진 같은 조건하에서 최대의 효과를 내기 위해서는 팀워크가 무엇보다 중요하다.

팀워크가 되더라도 감독이나 누구의 지시에 의하여 억지로 되는 것이 아니고 스스로 동기화(empower) 되어 살아 움직이는 팀워크가 중요하다. 스스로 하나가 되어 움직이는 팀이 되려면 팀의 목표와 비전에 대하여 공감(empathy)을 해야 한다. 'empathy'는 마음과 마음이 서로 통하는 상태를 의미한다. 리더가 갖추어야 할 리더십의 중요 요소 중의 하나다.

팀 내에서 자기가 어떤 팀원으로 일하고 있는가는 조직 생활에 있어서 매우 중요하다. 어떤 팀에서 한 팀원이 팀원들로부터 미움을 받게 되면 이러한 내용이 다른 직원들에게도 전파되기 쉽다. 결국 어느 팀에서도 함께 일하기 싫어하는 외톨이가 되고 회사생활을 지속하기 어렵게 되며 불행스럽게도 그 조직을 떠나야 하는 운명이 된다.

공격수가 두 명이라 골을 만들기 위하여 협력이 절대적으로 중요한데 한 선수가 결정적인 골 찬스에서 패스를 하지 않고 득점왕이 되기 위하여 단독 드리블만 하다가 골에 실패하고 팀이 패배한다면 그 선수의 앞날이 어떻게 될지는 불 보듯 뻔한 일이다.

동료가 잘되면 나도 잘된다

그러면 팀의 구성원으로서 팀워크를 잘하기 위해 우리가 가져야 할 자세와 방법은 무엇일까?

1. 함께 일하는 동료가 잘되면 우리 팀이 잘되고 더불어 구성원인 나도 잘된다는 생각을 가져야 한다.

사회는 경쟁인데 과연 가능한 일인가? 회사 초년 시절에 팀을 위하여 열심히 일하여 팀 성과가 좋았는데 연말에 포상은 옆의 동료 직원이 받는 경우가 종종 있었다. 그 동료의 성과는 내가 도와주지 않았으면 가능하지 못했고 또한 내 도움이 결정적이었다는 생각을 하니까 억울하고 서운했다. 그런데 몇 년 후에 다른 동료들보다 필자가 빨리 승진하여 팀장이 된 후에 우연히 알게 되었지만 팀장 선정 시 동료들로부터 적극적인 추천이 있었고 경영 위원회 임원들이 후보들을 검토하면서 평상시 동료들을 위하여 내 일처럼 일하는 팀워크 정신을 높이 사서 팀장으로 임명했다는 말을 전해 들었다.

나도 어떤 중요한 자리에 적임자를 고를 때 과거에 함께 일했던 동료 중에서 가장 일하는 자세가 좋고 역량이 좋은 직원을 고려하고 추천할 수밖에 없다. 조직 책임자들은 아무리 인간적으로 가까운 동료가 있더라도 직장은 취미생활을 하는 곳이 아니기 때문에 능력 없는 동료를 배치하여 장래 일어날 수 있는 리스크를 감수하기 싫어하기 때문이다.

동료를 경쟁자로 생각할 때 일어날 수 있는 매우 어리석은 일이 정보 독점이다. 인터넷이나 세미나 또는 협력업체 등에서 입수한 중요한 자료들을 공유하지 않고 자기의 PC에 꼭꼭 숨겨두고 자기의 능력을 과시할 수 있기에 중요한 자리(회사의 중요한 직위에 있는 임원이 참석하는 등)에서 이를 자랑스럽게 발표하는 직원들을 가끔 보는데 회사 입장에서 보면 매우 위험한 인재(人災)에 해당하는 직원이다. 이 경우에는 중요한 자료가 없으면 경쟁력이 없어지는 그런 초라한 직원으로 취급될 수밖에 없다.

2. 동료에 대하여 진정성이 있는 믿음과 배려의 마음으로 일해야 한다.

앞에서 언급한 바와 같이 팀(특히 TFT)은 다양한 스킬과 역량이 결합해야 목표를 달성할 수 있으므로 나 혼자 독불장군이 되어서는 안 된다. 동료가 역량이 부족할 경우에도 동료를 믿고 격려하고 보완해 주는 배려의 마음이 필요하다. 누군가 자기 일을 챙겨주고 상대방으로부터 인정을 받으면 기분도 좋아지고 일하는 것도 즐겁게 된다. 그래서 나는 직원의 생일날을 기억했다가 생일날 아침에 축하카드(e-card)를 보내주고 직원들에게도 가급적 관계가 소원해질 수 있는 동료들과 점심을 하라고 권한다.

오래전에 일본을 오가며 일본 사람들과 함께 3년간 프로젝트를 해본 경험이 있는데 공원이나 회사에서 혼자서 도시락을 먹는 사람이 많다는 것이 참 이상하게 보였다. 밥 먹을 때 회사 이야기를 안 하고 혼자서 음식 맛 그 자체를 즐기는 것도 이해는 되지만 함께 식사하면서 얻어지는 공동체 마음을 좀 잃는 것이 아닌가 하는 생각이 들었다.

일본 직원들과 회의하다가 느낀 점은 일본 직원들은 누가 잘못을 할 경우 서로 보완해 주고 대책을 세우는 것보다 그 동료에 대하여 불만과 강한 비난을 한다는 것이었다. 마치 너 때문에 내가 잘못 될 수 있다는 걱정을 하는 것처럼 보였다. 그리고 잘못으로 인하여 한곳에 빈틈이 생겼을 때 이를 대처하는 역량이 절대적으로 부족하였다. 즉 정상적인 환경에서는 톱니바퀴처럼 잘 돌아가는데 예외가 발생하면 상황 대처(Situation management)가 부족하였는데 혼자서 밥 먹는 문화와 무관하지 않다는 생각이 들었다.

3. 팀의 목표와 비전에 대하여 공감(empathy)한다.

앞에서 언급한 바와 같이 팀(특히 TFT)은 다양한 스킬과 역량이 결합해야 목표를 달성할 수 있기 때문에 팀의 목표와 비전을 공감하는 것은 당연히 중요하다. '공유'라는 단어 대신에 '공감'이라는 단어를 사용한 것은 귀로 듣고 머리로 기억하는 것을 넘어서 마음으로 이해하여 하나의 팀이 되는 것이 중요하기 때문이다.

4. 팀이 하나처럼 움직이는 커뮤니케이션(communication)이 중요하다.

히딩크도 축구 경기를 할 동안만은 이름만 부르고 부지런히 의사소통을 할 것을 요구하였다. 0.1초의 스피드를 요구하는 축구 경기에서 '홍길동 형님!'이나 '길동이 형!' 하고 부르는 것보다 '길동아~' 하고 부르는 것이 분명 도움이 될 것이다. 물론 감독은 형을 생략해도 경기 후에 선배한테 꾸지람을 받지 않도록 이런 룰을 사전에 정해 주었을 것이다.

경청 – 나는 함께 일하는 동료들의 자원(resource)이다

커뮤니케이션을 잘하기 위해서는 경청이 무엇보다 필수 요건이다. 어떤 조직에서든지 항상 강조하는 내용이지만 실제로 실행하기는 쉽지 않다. 경청은 각자의 성격과도 관련이 있기 때문에 더더욱 개선하기가 쉽지 않다. 회사 내의 회의 분위기, 조직 문화는 특히 경청이 이루어지지 않으면 제대로 정립이 안 된다. 다혈질 성격의 직원일수록, 직위가 올라갈수록 상대방이 말하는 것을 끝까지 듣지를 못하고 자기 말을 하기 쉽다. 상대방이 말을 할 때 상대방의 의견을 듣기보다는 언제 상대방의 말을 끊고 끼어들어 내 말을 할까 하는 생각이 습관화되어 있다고 볼 수 있다.

나는 상대방의 말을 듣고 있을 때 '나는 우리 직원들의 자원(resource)이다'라는 생각을 하면서 듣는다. 자원이라 함은 동료나 직원들이 무언가 부족할 때 메워주고 보완해 주는 것이다. 내가 상대방의 자원이라는 자세로 듣는데 경청이 안 될 수가 없다.

'Not~ because~'를 'Yes~ but~'으로 바꾸어 말하기

동일한 내용을 말하더라도 말하는 방법이 중요하다. 업무를 하면서 토론을 하는 것은 가능한 방법을 모두 찾아보고 그중에서 가장 적절한 의사결정을 하기 위한 매우 바람직한 도구이다. 상대방을 적으로 만들지 않으면서 내 의사를 효율적으로 전달하고 목적을 달성할 수 있도록 설득할 수 있는 것은 매우 중요한 역량이다. 이것이 가능하려면 상대방이 다른 의견을 제시할 때 다른 의견을 틀린 의견으로 곡해해서는 안 된다.

그래서 상대방이 의견을 제시했을 때 "그 의견은 틀렸습니다. 왜냐하면 고객의 관점에서 보면 이러 이러하기 때문입니다"라고 하면 토론이 아니고 바로 '누가 잘하는가' 하는 논쟁으로 번지게 되어 상대방과 앙금이 남게 된다. 제대로 된 반대 의견을 제시하였는데도 불구하고 구성원들이 '저 직원은 원래 반대를 위한 반대를 하는 사람'이라고 생각하여 수용이 안 된다면 개인적으로나 회사 입장에서 손해를 입게 된다.

동일한 내용이지만 "회사의 수익을 위해서는 매우 좋은 의견입니다만 고객 관점에서는 이런 문제가 예상되므로 이러 이러한 점에서 추가 검토가 필요하다고 봅니다"라고 말하면 보다 더 건설적인 토론이 되고 상대방도 내 의견에 대하여 긍정적으로 경청하게 된다. 즉 'not~ because~'가 아니고 'yes~ but~'의 문장을 써서 커뮤니케이션하는 것이 좋다.

격식에 얽매이지 않는 일상적인 인포멀(Informal) 활동을 하는 것도 커뮤니케이션에 많은 도움이 된다. 팀이 만들어지면 업무에서는 동일한 목표를 위하여 함께 노력하지만 외부 워크숍, 등산 또는 영화 관람처럼 편안하게 단체 활동을 하면 우리는 하나의 팀이라는 생각을 가지는 데 도움이 된다. 특히 상향식(bottom-up) 소통에 도움이 된다. 그래서 개인적인 특별한 사정이 없으면 함께 이러한 활동에 적극적으로 참여하는 것이 좋다.

02. 현장주의
– 모든 일은 현장에서 시작된다

현장이란 일을 실제로 진행하거나 작업하는 곳이다. 현장주의란 일을 하거나 문제가 발생하였을 때 자리에 앉아서 전화 통화만 하거나 사람을 통하여 듣지 않고 일이 벌어지는 현장으로 가서 현상을 직접 파악하는 것이다. 현장주의가 중요하게 적용되는 경우가 어떤 것인지 살펴보도록 하자.

1. 중요한 결정을 하려면 많은 자료를 분석하여 방향을 결정해야 하는데 팩트(fact) 분석이 무엇보다도 중요하다.

'백문이 불여일견'이라는 말이 있듯이 백 번 듣는 것보다 한번 보는 것이 중요하고, 백 번 보는 것보다 한 번 경험해 보는 것이 더 가치가 있다. 자리에 앉아서 듣고 방향을 정하다가 현장에 가면 무엇인가 책상에서 생각 못한 것을 항상 하나씩 얻어 가지고 돌아온다. 중간에서 전달하는 직원이 현장의 팩트를 100% 파악하는 것이 불가능하고, 어떤 경우에는 자기 입장에서만 보고 전하기 때문에 중요한 팩트를 놓치게 된다.

현장에 가면 항상 얻는 것이 있다

1장 04. 창의와 혁신에서 예로 든 체적 관리 시스템에서 내가 매장에 가서 직접 확인하지 않았더라면 중요 원인을 못 찾았을 것이다.

물류 직원들이 말하는 대로 분명히 보낸 상품을 점포에서 안 받았다고 하는 것은 경영주가 상품을 받고서도 나쁜 마음을 먹어서 받지 못했다는 것으로 이해하였을 것이다. 매장에 방문해서 경영주의 애로 사항을 현장에서 보고 들었기 때문에 많은 박스에 수백 개의 상품들이 한 장의 명세서로 되어 있어서 가끔 상품을 찾지 못했다는 것을 알 수 있었다. 따라서 한 박스에 한 장씩 명세표를 발행하는 체적 관리 시스템을 생각해 내지 못했을 것이고, 상품 보낼 때 계속 사진을 찍는 등 증거 확보에만 힘써서 그 문제는 영원히 해결하지 못했을 것이다.

매장을 방문해 보면 현장에서 직원들의 표정, 상품 진열 상태, 고객들의 움직임을 보고 직원들에게 몇 가지 질문을 해보면 그 매장이 어떤 상황인지 내가 무엇을 지원해 주어야 할지 현재의 현황을 정확히 파악할 수 있다. 이러한 것은 책상에 앉아서 도저히 알 수 없는 중요한 일들이다.

2. 고객에 대한 서비스나 상품에 문제가 발생하는 경우 즉시 현장으로 가야 한다.

고객에 대한 서비스나 상품에 문제가 있다고 연락이 왔는데 자리에 앉아서 전화로 해결하다가 문제가 점점 커져서 고객의 클레임으로 확대되는 경우가 적지 않다. '나는 고객의 문제를 해결하기 위하여 사무실에서 열심히 하고 있었는데 고객은 알아주지도 않고 저렇게 불만을 터트리니 참 억울하기 짝이 없군'이라고 생각하기 쉽다.

고객 관련 서비스에 문제가 있을 때 현장에 가야 하는 이유가 무엇일까? 부모님이나 아기가 갑자기 아파서 응급실에 갔을 때 의사가 없을 경우의 초조함과 인턴이라도 나타났을 때의 안도감을 누구나 경험해 보았을 것이다. 의사가 진료한 후라도 검사 결과를 보고 있어서 자리를 비웠다 하면 10분 정도는 기다릴 수 있지만 한두 시간 안 보이면 불안하고 불만이 점점 쌓이게 된다.

회사 일도 마찬가지다. 내가 전문가가 아니더라도 문제가 발생한 현장에 나타나면 일단 고객은 뭔가 해결이 될 것 같다는 안도감을 갖게 된다. 그리고 아무리 좋은 치료법이 있더라도 혼자 생각하면서 계획만 하고 고객에게 원인이 무엇이고 어떻게 언제까지 조치를 취하겠다고 말해 주지 않는다면 고객의 불안과 불만은 더욱 커질 것이다.

직접 문제가 발생한 현장에 있으면 불만이 있는 고객들의 얼굴을 볼 수 있고 피해 상황을 보다 정확히 파악할 수 있기 때문에 어떤 자원을 투입하여 액션(action)을 취할 것인가를 정확히 알 수 있다. 부수적으로 문제를 해결하고자 하는 나의 표정에서 강한 의지를 보여줌으로써 고객으로부터 신뢰를 얻게 되는 효과도 있다.

고객의 불만이 클수록 현장에 있어야 한다

전산 장애가 발생하면 전국적으로 영업 매장에 큰 영향을 주기 때문에 얼마나 신속하게 복구하느냐가 생명이다. 가끔 경영주가 컴퓨터 장애로 계산이 안 되어 상품을 팔지 못하고 손님이 욕을 하고 갔다면서 항의할 때는 전산 책임자로서 피가 마르는 초조함과 심한 경우 죄책감까지 든다.

장애가 발생하면 협력업체에게 긴급하게 장애를 처리해 달라고 요청하게 된다. 이때 잘하는 협력업체는 장애 복구 요청이 있으면 전문가들을 바로 현장에 투입해서 원인 파악에 들어가고, 책임자는 현재의 상황과 앞으로의 액션 플랜(action plan)에 대하여 설명을 하고 해결된 후에는 별도 요청이 없더라도 책임자가 장애 원인과 경위, 향후 개선점, 협력업체와 우리 회사가 해야 하는 액션 플랜을 보고한다.

반면에 어떤 협력업체는 장애가 발생하여 실무자가 요청을 해도 일을 핑계로 나타나지 않아서 임원이 직접 협력업체 조직 책임자에게 전화를 해서 강하게 컴플레인해야만 그제야 나타난다. 해결한 후에도 액션 플랜을 보자고 하면 마지못해 가져다준다.

만약 여러분 같으면 재계약할 때 어떤 협력업체와 일할 것인가? 두 회사는 동일한 액션을 취했지만 한 회사는 선행적으로 공격적으로 대응했고, 다른 회사는 마지못해 수동적으로 했기 때문에 둘 사이의 가치(value) 차이는 엄청 클 수밖에 없고 각 협력업체의 장래의 비즈니스에 크게 영향을 줄 수밖에 없다.

03. 우선순위
– 회사생활을 여유롭게 만든다

사회생활을 하다 보면 직장일, 회사일 등 해야 할 일이 한두 가지가 아닌데 우선순위란 이런 여러 가지 일 중에서 어떤 일을 먼저 할 것인지 정하는 것이다.

왜 우선순위를 정하여 일하는 것이 중요할까?

동일한 액션(action)이라도 시점에 따라 기치(value)가 크게 다르다

시간이라는 한정된 자원을 이용하여 일을 하는데 동일한 행동이라도 시점에 따라 가치가 크게 다르기 때문이다.

열심히 하는데도 불구하고 급하고 중요한 일을 놓침으로써 자신은 항상 바쁘기만 하고 팀장으로부터 자주 주의를 받는 경우가 발생한다. 이런 경우에는 회사생활에서 여유를 찾을 수 없고 머릿속에는 항상 할 일로 가득 차 있어 무엇인가에 쫓기는 듯한 표정을 볼 수 있다.

신입사원 때 처음 담당한 일이 가전제품의 전국 물량에 대한 수급 조절이었다. TV, 냉장고 등을 모델별로 수요 예측하여 공장의 제조 계획에 반영하고 생산이 되면 이 물량들을 전국 영업소에 할당하는 업무를 하였다. 워낙 관련되는 공장도 많고 영업소도 많기 때문에 해야 할 일이 많아 눈코 뜰 새 없이 하루하루가 바쁘게 돌아갔다. 책상 위에는 할 일들을 적은 메모가 여러 개 붙어 있고 노트에도 생각날 때마다 할 일들을 기록하였다. 그렇게 열심히 챙겼는데도 가끔 중요한 일을 놓쳐서 과장님으로부터 주의를 듣는 경우가 있었다. 그래서 이 많은 일의 우선순위를 어떻게 하면 좋을까 고민을 하다가 필자 나름대로 생각을 정리하여 우선순위표를 만들어 보았다.

다음 페이지에 필자가 만든 우선순위표를 보기 전에 여러분들의 우선순위는 무엇인가를 잠깐 동안 정리해 보기 바란다. 물론 각자 일의 성격과 환경에 따라 차이가 있겠지만 다음 장의 우선순위표가 무엇을 뜻하는지 시사점만 알면 된다.

비록 우선순위표는 신입사원 때 만들어졌지만 습관화되면서 지금도 이 우선순위에 따라 일을 처리하고 있다.

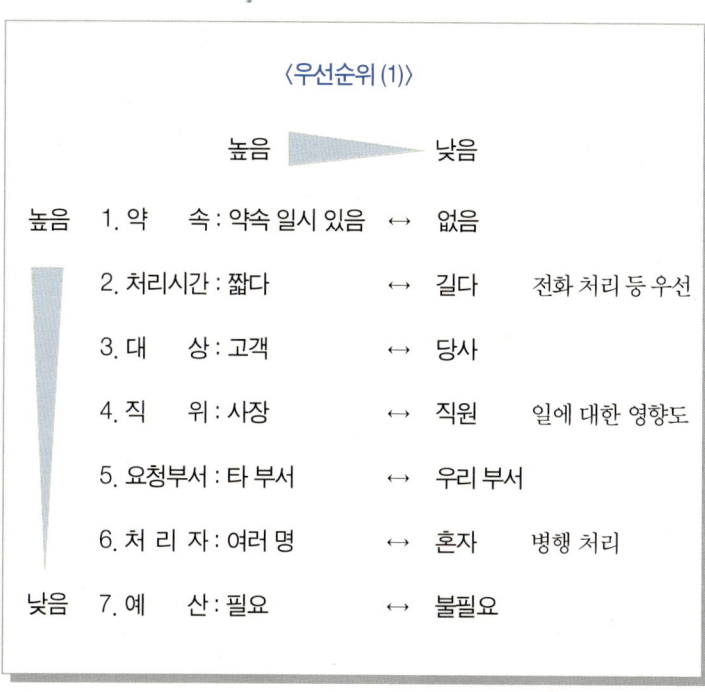

표를 보는 방법은 위로 갈수록 우선순위가 높은 순서를 정하는 기준이고 같은 기준에서는 좌측이 우측보다 우선순위가 높다.

보통 직원들에게 가장 먼저 무슨 일을 하냐고 질문을 하면 "급하고 중요한 일이요"라고 답을 하는데 당연히 급하고 중요한 일을 먼저 해야 한다. 그런데 무엇이 급하고 중요한 일이라는 것을 정리해 놓지 않으면 우선순위에 일관성이 없어서 항상 무엇인지 모르게 바쁘고 쫓기는 마음이 들게 된다.

① 이 책의 맨 처음에 강조한 것이 주인의식을 가져야 하며 행동으로 나타나는 것이 약속을 지키는 것이라 하였는데, 약속 일시가 있는 일을 우선순위 중에서 최우선적으로 해야 한다.

② 영업에서 제안서 작성하는 일과 거래업체에 1분간 전화하여 처리할 수 있는 일이 있으면 당연히 처리 시간이 짧은 일을 먼저 해야 한다. 여러 가지 일을 동시에 못한다면서 짧게 처리할 수 있는 수십 개의 일을 못하고 미룬다면 관련되는 부서나 직원들의 불만이 매우 크게 될 것이다.

③ 다음에는 회사 내부의 일인지 외부의 일인지(특히 고객) 체크하여 회사 외부와 관련된 일을 먼저 한다. 회사 내부의 일이 잘못 되었을 경우 미치는 영향도를 예상하는 것이 가능하다. 그러나 불특정 다수의 고객과 같이 외부와 관련된 일이 잘못 되었을 경우 어디까지 파장이 미칠지 예상이 안 되어 리스크가 매우 크기 때문이다.

흔하게 겪는 경험으로 어떤 서비스에 문제가 발생하여 전화를 하면 자기가 담당이 아니니까 다른 부서를 소개하고 그 부서에 전화를 하면 또 다른 부서로 연결하고 다시 전화하면 처음 연락한 부서를 알려주는 일이 있다.

비슷한 예로 한 협력업체의 지원에 문제가 많아 영업 담당에게 불만을 말하면 "이 문제는 우리 회사의 다른 지원 부서에서 담당하니까 그리로 연락하시면 된다"라고 답을 하는데 고객 입장에서 보면 답답하기 짝이 없다. 고객 입장에서는 영업 담당이든 지원 담당이든 하나의 회사로 보면서 불만을 말하는 것인데 영업 담당이 귀찮아서 다른 부서에게 책임을 떠넘기는 것은 적절하지 않다.

④ 직급이 높은 직원이 요청하는 일을 먼저 하는데 윗사람에게 잘 보이기 위해서 그런 것이 아니라 회사에 미치는 일의 영향도가 직급이 높은 직원의 일이 보다 크다고 생각하기 때문이다.

⑤ 강의하면서 직원들에게 요청 부서에 대한 우선순위를 질문하면 의견이 가장 많이 나누어진다. 약 70%는 자기 부서의 일을 먼저 해야 한다고 하고 약 30%는 타 부서의 요청 사항을 먼저 해야 한다고 답한다.

물론 업무의 종류와 상황에 따라 다르겠지만 필자는 타 부서에서 요청하는 일을 먼저 처리하고 우리 부서의 업무를 처리한다. 타 부서는 고객과 비슷하여 타 부서에서 어떻게 이 일이 처리되는지 모르기 때문이다(만약 이 일이 여러 부서에 동시에 요청된 것이라면 내가 처리를 늦게 해주었기 때문에 타 부서 담당자는 일을 제시간에 마치지 못했을 것이다). 게다가 일이 잘못되면 나로 인해서 우리 부서가 협조가 잘 안 되는 부서로 왜곡 전파될 수도 있다.

⑥ 일을 처리하는 데 있어 주로 혼자 하는 경우와 여러 명이 관련된 일이 있으면 무엇부터 해야 하는가? 여러 명이 관련되어

있으면 일 자체가 병행으로 처리되어야 하기 때문에 여러 명이 관련된 일을 먼저 시작해야 한다. 극단적인 경우에 혼자 처리하는 일은 집에 가서 처리할 수 있기 때문이다.

⑦ 일을 할 때 비용이 드는 일이 많은데 회사에서는 가정의 가계부 예산과는 달리 예산 확보가 안 되면 일을 할 수가 없다. 예산이 필요한 일을 먼저 하여 예산을 반영하든지 예산이 확보되어 있는지 체크한 후에 일을 착수해야 한다.

급하지는 않지만 중요한 일을 할 수 있어야 한다

그러면 앞에서 자기 개발은 매우 중요하지만 우선순위에서 바쁜 일에 밀려서 실천이 어렵다고 했는데 이유가 무엇일까? 매년 연초에는 '올해는 어떤 일이 있더라도 이러 이러한 자기 개발을 반드시 해야지' 하고 결심하지만 바쁘다 보면 자기 개발을 제대로 못한다. 연말에 직원들을 불러서 직원들의 자기 개발 계획서를 가지고 상담하다 보면 많은 직원들이 "올해 워낙 업무에 바빠서 실천을 못하였습니다"라고 답한다. 그러면 팀장도 크게 지적하지 않고 넘어가는데 이것은 직원들의 장래를 위해서 바람직하지 않다.

좀 더 쉽게 설명하기 위하여 우선순위에 대한 다른 형태의 도표를 만들어보았다.

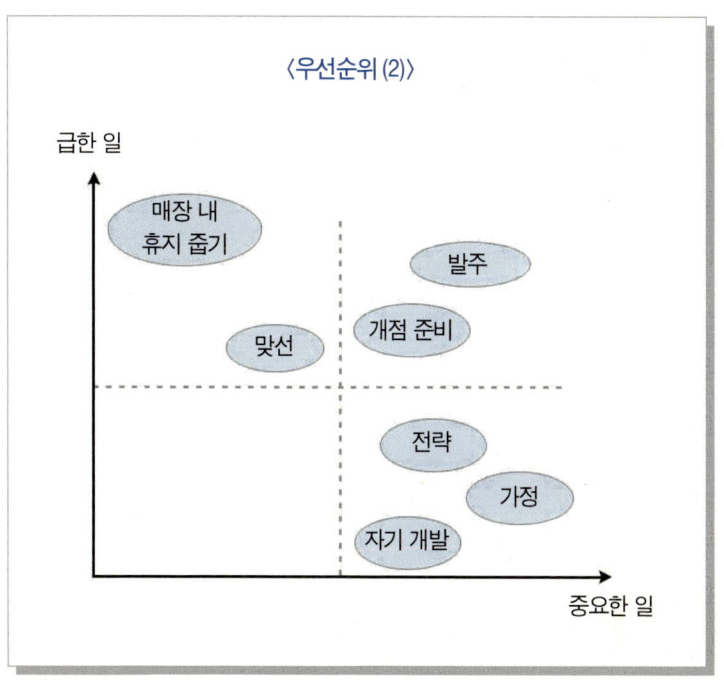

여러 할 일을 중요한 일과 급한 일의 조합으로 만들어보면 위 표와 같다. 위의 도표는 매장에서 일하는 직원들의 경우인데 각자의 업무를 가지고 스스로 만들어보면 된다.

"내가 보는 맞선은 발주보다도 중요하고 급한데요"라고 말할 수 있다. 경우에 따라 각자의 주관에 따라 내용을 그 위치에 놓으면 된다. 노총각이고 맞선 볼 처녀가 유학 중에 내일 한국에 잠시 들르는데 어쩔 수 없이 발주 시간에 맞선을 보아야 한다면 발주는 다른 담당에게 부탁하고 맞선을 보아야 한다.

통상 일하다 보면 급한 일 때문에 중요한 일이 잘 처리가 안 되는데 이것은 극히 당연하다. 그런데 이 표에서 말하고 싶은 내용은 아무리 급한 일이 많더라도 시간을 쪼개어 급하지 않지만 중요한 일을 하는 데 시간을 할애할 수 있어야 하고 이것이 리더가 되기 위한 매우 중요한 역량이라는 점이다. 지금까지 함께 일해 본 동료들 가운데 성공한 동료들의 공통점을 보면 급한 일과 중요한 일을 균형(balance)있게 처리한다는 점이다.

우선순위를 잘할 수 있는 팁(tip)

▌선행적으로 일하기

앞에 선행적으로 일하기에서 설명한 바와 같이 미래를 예측하여 선행적으로 일하면 시간이 충분하여 여러 대안을 검토해 가면서 우선순위를 잘 실천할 수 있다. 사전에 준비를 하였기 때문에 상황이 악화되더라도 당황하지 않고 여유를 가지고 처리한다.

▌THINGS TO DO 카드 이용

각자 할 일을 메모하는 방법은 여러 가지다. 어떤 직원은 수첩에 적기도 하고 요즘은 스마트폰에서 어플을 이용해서 할 일을 입력하는 직원들도 많다.

할 일을 포스트잇에 적어 PC에 붙여놓는 것은 미관상 좋지 않고 우선순위를 효과적으로 관리하기가 쉽지 않아 바람직하지 않다. 다음 표는 과거 컴퓨터 회사에 근무할 때 사용했던 THINGS TO DO 용지(약간 두꺼워 독서대에 기대어 세울 수 있고 상의 주머니에 넣고 다닐 수도 있다)에 적어서 관리하는 방법이다. 관리하기 편해서 지금도 사용하고 있다.

간단히 처리할 일(단기)과 시간이 걸리는 일(장기)을 혼합해서 적으면 매번 칸이 모두 채워져서 다시 써야 하는 불편함이 있어서 단기성과 중장기성 할 일을 구분하여 적는다. 프로젝트성 업무는 전체를 일괄적으로 관리하는 것이 중요하므로 별도로 장을 만들어 사용한다. 아날로그적인 방법이지만 간단하고 눈으로 보면서 관리하여 실천력을 높이고 빠뜨리는 일이 없도록 일하는 데 매우 효과적이다. 부록에 있는 양식을 복사해서 사용해 보고 효과가 있으면 문구점에서 구입하여 사용하면 된다.

04. 적시에 하는 에스컬레이션(timely escalation)과 액션(action)
- 기회비용과 리스크를 최소화

에스컬레이션(escalation)이라 함은 혼자서 해결할 수 없는 이슈를 관련된 사람들에게 널리 알리고 위에 보고하여 이를 해결하는 것을 말한다. 일반적으로 일어나고 있는 또는 일어난 현황을 단순 전달하는 보고와는 다르다.

혼자 처리하다가 더 이상 지체하면 점점 상황이 악화될 수 있는 것 또는 어떻게 상황 전개가 될지 예측이 안 되어 앞으로 리스크가 있는 것들이 에스컬레이션의 대상이 된다.

왜 적시에 하는 에스컬레이션과 액션이 중요한가? 에스컬레이션과 액션의 시점에 따라 가치(value)가 크게 다르기 때문이다.

유통 회사에 입사하고 한 달 정도 지났을 때 출근을 하는데 물류 운영 담당 이 과장이 걱정스런 표정으로 보고를 하였다.

"오늘 새벽 2시에 컴퓨터가 다운되어 현재 상품들이 출하가 안 되고 있습니다."

"이렇게 긴급한 문제를 왜 지금 보고하나요?"

"주무시는데 전화드리기도 그렇고 동료들과 장애를 해결해 보려고 노력했으나 아직 복구가 안 되었습니다."

'어떻게 이런 직원이 있을까?'

설명하는 이 과장이 한심하게 보였다.

"우리의 중요한 임무는 어떠한 경우라 하더라도 전산 문제로 인하여 매장 진열대에 상품이 비는 상황이 절대 없도록 조치하는 것입니다. 잠은 나중에 보충해도 되지만 액션을 취하는 시점을 놓치면 그 시점으로 다시 되돌아갈 수 없습니다. 새벽 2시에 에스컬레이션이 되었더라면 내가 현업 사업부장에게 긴급 협조를 요청했을 것입니다. 그러면 사업부장이 관련 직원들을 소집하여 수작업이라도 해서 상품 출하를 했을 텐데 오늘 상품 배송이 되지 않아서 고객들의 불만이 생긴다면 우리 부서는 크게 잘못한 것이고 책임을 면할 수 없습니다."

아마 새벽에 잠자고 있는 임원에게 전화하는 것이 결례라고 생각했든가 아니면 전화하면 혼날 것 같은 생각이 있었던 것 같다. 나는 전산직종에 종사하기 때문에 전산 장애가 나면 항상 조치를 취하는 자세로 24시간 대기하며 생활하는 것이 습관화되어 있는데 직원이 잘 몰랐던 것 같다. 그 후 직원들이 잠자고 있는 새벽이라도 마음 편하게 우리 집에 전화하는 것을 습관 들이는 데 거의 6개월이 걸렸다.

에스컬레이션 시점을 놓치면 큰 대가를 치르게 된다

제대로 에스컬레이션과 액션을 취하려면 다음 사항들을 유념해야 한다.

1. **일을 혼자서 한다는 생각을 버리고 조직을 이용해야 한다.**

내가 일을 해결하지 못하면 무능력하다는 말을 들을 것 같아 혼자 하는 경향이 있는데 일은 나 혼자 하는 것이 아니고 조직이 한다는 생각을 해야 한다. 내 윗사람도 나의 일을 도와주고 보완해 주는 자원(resource)이라고 생각하면서 일해야 한다. 일을 혼자 하다가 문제가 점점 악화될 조짐이 보이고 큰 문제로 번질 것 같으면 지체없이 에스컬레이션을 해야 한다.

2. **가장 중요한 목적만 생각해야 한다.**

위의 예에서 보면 가장 중요한 목적은 매장의 진열내에 상품이 비는 일을 막는 것이다. 이것을 위해서 취침 중인 임원 집에 전화하는 미안함 등은 아예 마음에 둘 필요가 없다.

3. **에스컬레이션의 적절한 시점을 잡아야 한다.**

문제가 점점 악화될 것 같으면 시점은 빠를수록 좋다. 그러나 너무 이르거나 에스컬레이션의 대상이 안 되는 일을 자주 하게 되면 이슈에 대하여 주목받지 못할 수 있고 양치기 소년으로 인식될 수 있으니 어떤 것을 언제 에스컬레이션할 것인가를 판단하는 것은 매우 중요하다. 업무를 맡은 지 얼마 안 되었다면 선임 사원이나 팀장과 상의하여 에스컬레이션 시점을 결정하면 된다.

이해를 돕기 위해서 에스컬레이션하는 경우를 업종별로 생각해 보자.

- 자동차 제조 회사에서 어느 일정 기간에 생산되어 판매된 차종이 브레이크 고장이 잦아 고객들의 불만이 증가하기 시작하면 해당하는 전 차량을 리콜해야 하는 고장일 수 있음.
- 한 고객이 마트에서 먹거리를 구매했는데 이물질이 나왔다면서 소비자 센터에 고발한다고 하여 앞으로 어떤 상황이 벌어질지 모름.
- 은행의 고객이 인터넷 뱅킹을 하였는데 해킹을 당했다면서 항의를 하고 있음.
- 팀과 회사의 분위기가 안 좋아 퇴직하는 직원들의 숫자가 증가하고 있음 등등

몇 년 전 일요일 새벽에 깊은 잠에 빠져 있었는데 이 대리로부터 전화가 걸려왔다.

"큰일 났습니다. 새벽 2시에 10만 명 고객에게 문자 메시지가 나갔습니다."

일요일 아침에 단잠을 자고 있는데 띵동 하면서 메시지가 잠을 깨우고 메시지 내용이 상품 세일한다는 내용이라면 여러분은 어떻겠는가? 스팸 메시지가 왔다면 그러려니 하고 말겠지만 대기업에서 새벽에 세일 메시지가 왔으니 상상만 해 보아도 큰일이었다. 원인은 그 메시지를 취급하는 협력사의 프로그램에 문제가 있어 컴퓨터가 며칠간 메시지를 잡아두었는데, 일요일 아침에 유지 보수하기 위하여 컴퓨터를 껐다 켜니까 다시 정상 가동되면서 쌓였던 메시지가 한꺼번에 나간 것이었다.

새벽 3시에 우선 각 사업부의 부사장님들을 바로 깨워서 전화상으로 긴급회의를 하였다. 회의 끝에 '서버 오작동으로 새벽에 메시지가 발송되어 죄송합니다'라는 사과 메시지를 10시경 고객들에게 다시 보내기로 하였다. 급하지만 일요일 새벽이어서 바로 보낼 수가 없었다. 그리고 전국 매장에 연락하여 상황을 전달하고 고객으로부터 항의 전화가 올 때 사과 응대 요령이 긴급 전달되었다.

아니나 다를까, 8시부터 고객으로부터 항의 전화가 오기 시작하였고 그중에는 격렬하게 항의하는 고객들이 많았다.

"요즘 어머님이 위독하신데 새벽에 온 메시지 소리를 듣고 돌아가셨다는 메시지로 오해하고 아버지가 충격을 받으셨으니 소송을 하겠다"는 고객도 있었다.

그날 약 2천 명으로부터 항의 전화가 왔는데 사전에 잘 대응을 하여 무난히 넘어갈 수 있었다. 만약 직원이 적시에 에스컬레이션을 하지 않아 필자가 적시에 액션을 취하지 못했다면 고객의 항의 전화가 왔을 때 원인 파악부터 해야 했을 것이다. 또한 전국 매장은 혼란스러워지고 고객들의 불만을 수습하지 못할 정도로 문제는 한층 더 커졌을 것이다.

05. 정도 경영
- 회사와 나를 보호해 준다

직장생활을 하면서 정도 경영이라는 단어를 많이 접하게 된다. 정도 경영이란 고객에게는 정직하게 영업을 하고 협력사들에게는 공정하게 대하며, 경쟁사와는 정정당당하게 경쟁하는 것이다. 회사 내부에서는 직원들을 능력에 따라 공정하게 평가 보상하고, 업무 보고 시 사실(fact)대로 보고하고, 회사의 자산을 자기 것으로 소유하거나 사용하지 않는 것이다.

고의적인 잘못이 회사와 개인을 파멸시킨다

정도 경영이 왜 중요할까? 앞에서 말한 여러 가지 상황에서 실수로 잘못된 것을 개선하면 회사나 개인에게 큰 영향을 주지 않는다. 하지만 고객에게 거짓말을 하거나 약속을 안 지키는 일, 문제를 축소하여 보고하는 일, 회사의 자산을 훔치는 일 등 고의적으로 하는 행동은 회사에 큰 손실을 줄 뿐 아니라 개인적으로도 일생이 불행해질 수 있기 때문에 정도를 밟아서 일한다는 것은 매우 중요하다. 회계 장부를 속여서 발표하고 각종 사기, 음모, 내부자 거래, 허위 진술 등의 혐의로 미국 7대 기업이었던 엔론(Enron)이라는 큰 회사가 하루아침에 도산한 사례가 대표적인 예다.

고객에게 판매한 상품에 유해 물질이 발견되면 즉시 잘못된 상품을 긴급 회수하고 소비자에게 솔직하게 잘못을 시인하고 향후 대책을 발표하면 쉽게 수습될 수 있다. 그런데 소비자에게 감추고 쉬쉬하다가 검사기관에 지적되어 신문에 나고 대표이사는 고객 이탈이 두려워 잘못을 시인하지 않고 변명만 하고 있다면 소비자는 아예 그 회사를 떠나버리고 회사가 도산하게 될 수도 있다.

회사 내에서도 동일하다. 성과가 좋지 않으면 고과 평가 점수를 낮게 받아 연봉 등급이 낮아질 수 있고 다음 해에는 더 분발하여 회복할 수 있다. 그러나 정도 경영을 어기면 징계를 받거나 심한 경우에는 해고나 형사 고소를 당하여 명예를 회복하지 못하고 더 이상 사회생활을 할 수 없게 되어 개인적으로 불행하게 될 수도 있다.

그러면 정도 경영을 잘 지키려면 어떠한 자세로 일해야 하는지 생각해 보자.

올바른 가치관을 가져야 한다

직장인으로서 행복한 직장생활은 무엇일까? 각 사에서 행하는 회사에 대한 직원들의 만족도 조사를 보면 '회사에서 받는 보수에 만족하는가?'라는 질문에 대한 점수가 다른 항목에 비하여 항상 낮다. '보수'라는 의미를 '월급'이라는 좁은 뜻으로 해석하면 항상 만족도가 낮은 것이 당연하다. 만족할 수 있는 월급이란 끝이 없기 때문이다.

그러나 회사에 다니면서 월급 이외에 나를 만족시키는 중요한 요소들이 많다.

자기 개발을 할 수 있는 기회가 많아 역량이 점점 좋아져서 시간이 갈수록 중요한 일을 맡게 되고, 직장에서 동료들과 생활하는 즐거움, 일에 대한 성취감, 다양한 고객과 협력사들을 만나면서 사회 네트워킹이 넓어지는 등 월급 이외에 나를 만족시켜 주는 요소들이 많다는 것을 알아야 한다.

이렇게 직장생활에 행복 요소가 많이 있음에도 불구하고 부정적인 수입, 자기 역량을 벗어나는 출세 등에 관심을 가져 부정한 일을 하게 되면 회사에 큰 손해를 입히면서 자신은 돌아올 수 없는 파멸의 길로 가게 되는 일종의 도박을 하는 것이다. 즉 순간의 잘못된 가치관으로 인하여 일생을 그르치게 된다.

문제가 발생하면 최대한 사실대로 보고한다

누구나 실수를 하여 문제가 발생하면 축소하여 보고하고 싶어 한다. 반복되는 문제로 인하여 연말 평가에서 낮은 점수를 받아 연봉 협상에 불리하게 되고 윗사람으로부터 능력을 인정받지 못하게 되는 것이 우려되기 때문이다.

회사 업무를 할 때 문제가 전혀 없을 수는 없다. 모든 것이 문제없이 정해진 룰에 따라 자동적으로 처리된다면 PC 한 대와 PC를 운영하는 낮은 직급의 직원이 한 명만 있으면 되기 때문이다. 어려운 문제와 이슈들이 산재해 있기 때문에 많은 직원들과 높은 직급의 관리자가 있는 것이다. 그래서 문제가 발생하면 걱정하지 말고 최대한 사실 그대로 보고해야 한다. 오히려 보수적으로 실제보다 좀 더 심각하게 보고하는 것이 좋다. 상황을 정확히 파악하여 그 원인을 빨리 찾아내는 것이 문제로 인한 영향을 최소화할 수 있기 때문이다.

문제를 축소 보고해서 회사에서는 그것을 근거로 액션을 취했는데 실은 다른 중요한 내용이 감추어져 있거나 축소되어 있었다면 어떻게 될까? 문제는 해결이 안 되고 더 큰 사태로 확대되었다면, 회사의 손실도 커지고 보고자도 신뢰를 잃게 되어 징계를 받을 수도 있다.

협력사를 '갑·을' 관계가 아닌 '파트너'로 인식해야

우리 회사와 협력사의 관계를 종속 관계로 생각하면 자연스럽게 정도가 아닌 사항을 협력사에게 강요하게 된다. 협력사는 경쟁을 뚫고 제품을 우리 회사에 납품하고 대금을 받아 회사를 운영하기 때문에 우리 회사의 요구를 들어줄 수밖에 없다.

내가 우월적 지위를 이용하여 돈을 빌리거나 우리 아기 돌잔치에 초대한다면 협력 직원은 싫어도 나중에 불이익을 받을까 두려워 응할 수밖에 없고 이 자체가 정도 경영에 어긋나는 것이다.

정도 경영에 어긋나는 일을 협력사에 요구하게 되면 요구한 담당자는 약점이 잡혀서 협력사가 제대로 서비스를 안 하거나 공급한 제품에 하자가 있어도 강하게 클레임을 못하게 되는데 이는 결국 회사의 손해로 이어진다.

필자가 근무하던 회사의 계약서 내용을 보면 '갑'과 '을' 대신에 '회사'와 '파트너사'로 되어 있는데 협력업체를 종속 관계가 아닌 동반자로 인식하는 좋은 예로 볼 수 있다.

업무 수행 중 애매하면 정도의 방향으로

회사의 업무 특성을 보면 작은 것부터 큰 것까지 여러 대안 중에서 선택을 하는 의사결정의 연속이다. 특히 목표를 달성하거나 인사 고과의 평가 점수를 받는데 어려운 걸림돌이 있으면 정도가 아닌데도 쉽게 처리하고 싶은 욕구와 유혹이 생기면서 어떻게 할까 고민하게 된다. 이렇게 애매한 일이 발생하면 무조건 정도가 무엇인지 생각하고 처리하면 후에 크게 무리가 따르지 않는다.

　매장의 재고는 회사의 자산이므로 항상 정확히 파악해야 하고 잘 보관해야 한다. 그런데 관리를 잘못하여 100만 원에 상당하는 상품이 상해서 폐기 처분했다고 가정하자. 사실대로 원인 분석하고 대책을 수립하여 보고하면 팀장으로부터 약간의 주의를 받을 것이다. 그러나 그것을 계기로 향후 재고 관리를 철저히 하여 동일한 문제가 없게 되었다면 비록 100만 원의 상품이 폐기되어 일시적 손실이 되었지만 나름대로 가치 있게 처리가 된 것이다.
　그런데 약간의 주의를 받는 것이 싫어서 또는 연말 평가에 영향을 줄 것 같아서 잘 아는 협력업체에게 다음에 그 협력업체의 상품을 팔아주기로 하고 무상 증정품 형태로 상품 협찬을 받아서 폐기된 상품 대신에 채워 넣었다면 이것은 정도 영업을 크게 위배한 것이다. 폐기된 사실(fact)을 은폐하였고 우월적 지위를 이용하여 실제 목적과 다른 상품을 협력사로부터 부정 반입한 것이다.
　만약 나중에 협력업체가 '무상 증정품을 주었는데 약속을 받은 상품을 팔아주지 않는다'라고 회사에 클레임을 제기하여 조사가 이루어지면 부정 사실이 발각될 수 있다. 그렇게 되면 그 담당자는 순간적으로 상급자의 주의를 피하려다 불행히도 부정 때문에 회사를 그만두게 되고 회사는 협력사로부터 이미지가 실추되는 최악의 상태로 가게 되는 것이다.

06. 긍정적 사고방식
- 현재의 상태를 호전시켜 준다

긍정적 사고방식이란 이미 발생한 어려운 상황하에서 걱정하거나 절망하지 않고 플러스가 되고 건설적인 요소들을 찾아내어 목표를 달성해 나가는 자세를 말한다.

아들 대학 입시를 위해 면접을 하고 집으로 돌아오는 길이었는데 교통 체증이 심하여 도로 위에서 꼼짝도 못하고 30분이나 지체되고 있었다. 앞으로도 1시간 이상을 길에서 보내야 했다. 마침 아들이 여러 대학에서 면접을 치렀지만 실패하여 마지막 남은 대학에 면접을 하고 오는 길이라 '진작 공부 잘해서 합격했으면 내가 이 고생을 하지 않아도 되는데' 하고 생각하니까 은근히 화가 났다.

그런데 순간적으로 다른 생각이 떠올랐다. 아들과 대화가 적어 항상 걱정이었는데 이렇게 둘만 차에 있으니 대화하기에 매우 좋은 기회라는 생각이 들었다. 거실에서 대화하다가 싫으면 자기 방으로 갈 수도 있지만 여기서는 싫다고 차에서 내릴 수도 없는 것 아닌가? 그동안 궁금했던 아들의 진로나 이성관 등에 대하여 1시간 이상을 진솔하게 대화하고 나니 지루한 줄도 모르게 시간을 보냈고 집에 도착할 쯤에는 아들과 한층 가까워진 것을 느낄 수 있었다.

간단한 예를 들었지만 교통 체증은 이미 발생했기 때문에 내가 아무리 노력하더라도 체증을 풀 수 있는 방법은 없다. 그러나 이런 환경에서 오히려 다른 것을 얻기 위하여 할 수 있는 대안을 찾아 실행한 것이다. 어쩔 수 없이 1시간을 보냈지만 아들과의 관계 개선이라는 중요한 결과물을 얻었고 부차적으로 지루하지 않게 집에 올 수 있었다.

컴퓨터 작업을 하려면 중요한 일은 주로 현업에서 컴퓨터 사용을 적게 하는 밤에 한다. 낮에 작업을 하다가 문제가 발생하면 영업에 큰 지장을 주기 때문이다. 밤에 작업을 하면서 '매일 밤새워 일하는 내 직업이 원망스럽다'라고 한탄하는 직원들이 있다. 이것보다 '나는 지금 나의 미래의 자산이 될 스킬을 쌓고 있다. 나에게 이런 기회가 있다는 것이 정말 행운이야'라고 생각하면서 일하는 직원은 업무가 즐겁다는 긍정적인 생각도 들고 실제로 미래에 자기의 중요한 경쟁력 있는 자산으로 전문적 스킬을 쌓게 된다.

프로와 아마추어에 따라 문제 해결 방법이 다르다

일을 하다가 잘못 되었을 때 '나는 왜 일을 이렇게 못할까?' 하고 자책하며 시간을 보내는 것보다 '이번 일로 새로운 경험을 하게 되었네. 앞으로 나에게 좋은 약이 될 것이야. 다음에는 같은 실수를 하지 말아야지' 하고 긍정적으로 생각하는 것이 나의 발전에 훨씬 도움이 된다.

어려운 일을 할 때 직원들이 "이것은 불가능합니다, 이것은 해결책이 없습니다"라는 말들을 많이 하는데 목적을 달성하려면 긍정적으로 생각해야 한다. '모든 문제는 답이 있다. 단지 모를 뿐이다'라고 생각해야지 무엇인가 찾아낼 수 있다. 가능하다고 생각해도 실패할 수 있는데, 불가능하다고 생각하면 당연히 실패한다.

필자의 어머니는 필자가 어릴 때 숙제가 많다고 걱정하고 있으면 "걱정할 시간에 숙제를 하나라도 더해라"라고 말씀하셨다. 회사에서 일을 하면서 우리는 많은 문제를 만나게 된다. 문제가 일단 발생했을 때 문제를 어떻게 해결해 가느냐 하는 것이 프로와 아마추어의 가장 큰 차이다. 문제가 발생했을 때 긍정적으로 생각하면서 이 문제를 분석하여 액션(action)을 취하는 직원과 부정적인 생각을 하고 걱정만 하는 직원의 결과물은 매우 다를 수밖에 없다.

07. 맥을 짚어 일하기
- 일의 효율성과 성공률을 높인다

흔히 밤이나 낮이나 쉬지 않고 열심히 일하는 직원을 보면서 "일은 열심히 하는 것이 중요한 것이 아니라 잘하는 것이 중요하다"라는 말을 한다. 여기서 잘한다는 것은 맥을 짚어 일한다는 것이다. '맥'이라는 단어는 한의사가 환자의 병의 원인을 찾을 때 손목의 맥을 짚는 경우와 바둑에서 가장 중요한 급소를 가리킬 때 많이 사용한다.

직원들을 지도할 때 직원들이 가장 어려워하는 것이 맥을 짚어 일하는 방법이다. 왜냐하면 맥을 짚어 일하려면 많은 훈련이 필요한데 다음 세 가지를 갖추어야 맥을 짚으며 일하는 것이 가능해진다.

첫째, 관련 업무에 대하여 스킬과 경험이 축적되어 있어야 한다.
둘째, 나무와 숲을 모두 보는 역량이 있어야 한다. 단편적이고 편향적인 지식보다 융합적이고 종합적(통섭적)인 지식이 도움이 된다.
셋째, 전략적인 사고방식이 필요하다.

앞에서 언급한 여러 일하는 자세는 마음만 먹으면 가능한데 반하여 맥을 짚어 일하는 것은 결심만 한다고 쉽게 되지 않음을 유념해야 한다. 이 책을 예로 든다면, 이 책은 직장인들이 성공하기 위한 많은 요소 중에서 기본에 대한 가장 중요한 맥에 해당하는 내용을 전하고 있는 것이다.

맥을 짚어 일하게 되면 어떤 장점이 있을까? 그렇지 않은 직원들보다 일의 효율성이 높아져 같은 시간에 보다 많은 일을 할 수 있게 되고, 진행하고 있는 업무에 대하여 장래 리스크를 줄이면서 성공률을 높게 만든다. 직위가 높은 리더로 갈수록 맥을 짚어 일하는 역량이 매우 중요하고 필수적인 요소가 된다.

맥을 짚어서 일하려면 어떻게 해야 할까? 회사(company), 고객(customer), 경쟁사(competitor) 3C를 고려하여 전략적 사고로 일해야 한다고 하는데, 맥을 짚어 일하는 데 도움은 되지만 만족스런 설명이 되지 않는다. 필자가 이 책을 쓰면서 맥을 짚어 일하는 자세에 대한 내용을 가장 마지막에 정리한 이유도 내용을 정리하기가 쉽지 않았기 때문이다.

필자가 실제로 맥을 짚어 일하고 있고 직원들에게 수시로 중요성을 강조하는 사항인데도 불구하고 내용을 정리하는 것이 쉽지 않아 고민하다가 다음과 같이 각 경우별로 정리해 보았다.

사안에 따라서 각 경우가 중복되어 복합적으로 적용될 수도 있다. 그러나 앞에서 언급한 바와 같이 이론보다는 자신이 업무에 경험을 쌓으면서 하나씩 터득해 가야 한다는 것을 다시 한 번 강조한다.

그러면 업무를 하면서 각 상황에 따라 어디에 맥이 있으며 어떻게 맥을 찾는지에 대하여 살펴보도록 하자.

1. 비즈니스와 관련된 업무일 경우

비즈니스와 관련된 업무에 대해서는 비즈니스가 성공하려면 절대 성공요소(CSF : Critical Success Factor)가 무엇인지 생각해 본다. 이러한 절대 성공요소를 달성하려면 어떤 점을 고려해야 하는지도 동시에 생각해 본다.

예를 들어 내가 스마트폰 제조 회사인데 스마트폰 비즈니스를 성공하려면 무엇이 CSF이고 중요하게 고려할 사항이 무엇인지를 생각해 본다. 고려 사항이 나오면 다시 그것에 대한 고려 사항을 반복해서 생각해 낼 수 있는데 이러한 항목 중에서 이 사업의 맥을 찾을 수 있다.

⟨스마트폰 사업에 있어서 CSF와 고려 사항⟩

- 기능　　　　← 카메라, 배터리, DMB
- 콘텐츠　　　← 콘텐츠 업체와의 협업　← 협업 조건
- 디자인　　　← 타깃 고객 (20~30대)　← 아웃 소싱
- 디스플레이　← 최신형
- 중량　　　　← 두께　　　　　　　　← 부품
- 통화와 속도 품질　← 안테나 전송 방법
- 가격 및 조건　← 경쟁사 분석　　　　← 아웃 소싱

2. 문제를 해결하거나 업무 혁신(PI : Process Innovation)을 할 경우

문제가 발생했을 경우나 현 업무에 있어서 문제점을 개선하여 업무 혁신을 할 경우이다. 여러 가지 문제가 서로 얽혀서 복잡할수록 이 문제들의 근본 원인이 무엇인지를 찾아보아야 한다. 모든 문제들과 관련되는 병목 현상(bottleneck)인 곳을 찾는 것이다. 칡넝쿨을 당기면 붙어 있는 모든 가지와 뿌리가 나오는 것처럼 2~3개의 문제 원인을 찾아 해결하였더니 모든 문제의 대부분이 해결되었다면 그것이 맥에 해당된다.

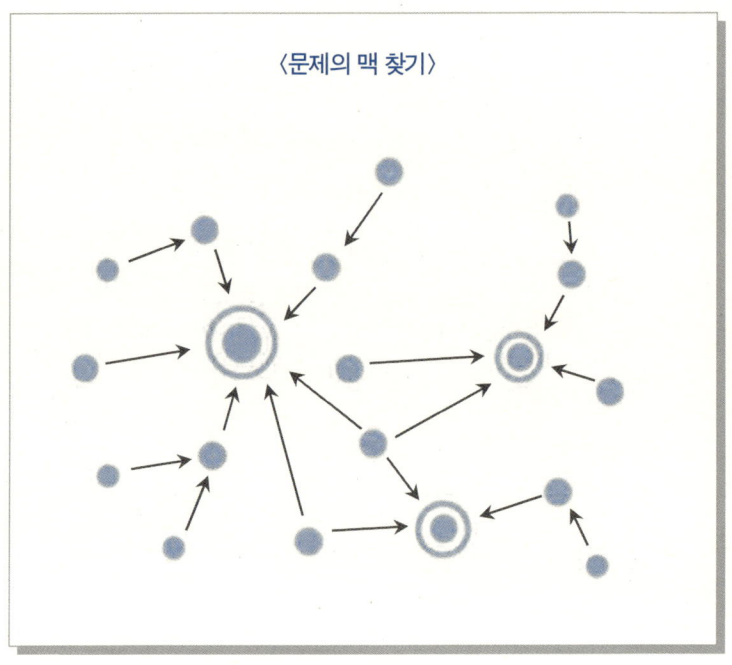

〈문제의 맥 찾기〉

표에서 근본적인 원인을 찾으려면 '왜?'라는 질문을 계속해 보아야 한다. 원인이 나오면 그것에 대한 가장 중요한 원인을 찾아보고 다시 그것에 대한 원인을 찾아보는 것을 반복하는 '5why' 기법을 사용해 보기 바란다.

예를 들어 가정불화가 발생했는데 이에 대한 근본 원인을 찾아보자.

[현상] 가정불화

[why 1] 가정불화가 생기는 주된 원인이 무엇인가?

   [why 1 원인] 남편이 주말에 잠만 자고 가정에 시간을 내지 않기 때문에

[why 2] 왜 가정에 시간을 못 내는가?

   [why 2 원인] 회사 일이 바빠서 매일 야근을 하기 때문에

[why 3] 왜 매일 야근을 하는가?

   [why 3 원인] 업무량이 많아서 낮에 업무를 다 못하기 때문에

[why 4] 왜 낮에 업무를 다 못하는가?

   [why 4 원인] 업무를 효율적으로 처리하지 못하기 때문에

[why 5] 왜 업무를 효율적으로 못하는가?

   [why 5 원인] 우선순위를 생각하지 않고 보이는 대로 일을 처리하며, 일을 선행적으로 처리하지 않고 시키는 일만 하거나 일이 터지고 나서 처리하기 때문에

근본 원인을 찾기는 매우 어렵고 시간이 걸리지만 일단 찾고 나면 개선하는 것은 매우 쉽다. 근본 원인에 의거하여 우선순위를 적용하여 선행적으로 일하면 업무의 효율성이 올라가고 시간적 여유가 생긴다. 업무를 근무 시간 내에 마치게 되면 가정에 좀 더 시간을 할애하여 주말에 데이트도 하고 가사 일도 도와주면서 가정불화를 해결하게 된다.

3. 프로젝트를 수행할 경우

프로젝트 수행과 관련된 업무는 프로젝트의 일정, 예산 그리고 품질을 기준으로 맥을 생각해 보아야 한다. 각각에 영향을 줄 수 있는 요소들 중에 문제가 예상되는 것들을 생각해 보면 된다.

일정에 영향을 줄 수 있는 것은 프로젝트에 필요한 스킬이 있는 전문가를 구하기가 힘든 경우도 있고 이 프로젝트가 다른 프로젝트와 연결되어 있어서 다른 프로젝트가 끝나야만 이 프로젝트를 일정 내에 완성하게 되는 경우도 있다. 여기서 '스킬이 있는 전문가 확보'와 '다른 프로젝트의 일정'이 이 프로젝트에 미치는 영향이 크면 맥에 해당된다.

예산에 관한 것이라면 프로젝트에서 사용되는 장비의 가격이 중요한데 장비의 가격 변동이 환율 의존도가 높다면 환율에 대한 대책을 세워두어야 할 것이다. 여기서 환율의 변동에 따라 예산의 과부족이 초래된다면 이 프로젝트의 맥에 해당될 수 있다.

품질과 관련하여 살펴보면 설계도가 중요하고 설계도는 현업의 요구사항 정의가 중요한데 현업의 요구사항을 제대로 반영하려면 현업의 전문가가 충분한 시간을 할애하여 이 프로젝트에 참가해야 한다. 그런데 현업이 너무 바빠서 참여가 어려울 것이 예상되어 프로젝트가 실패할 수 있다고 판단되면 '현업 전문가의 시간 확보'가 맥이 될 수 있다.

여기에서도 각각에 대하여 5why 기법을 사용하여 맥을 찾아가면 도움이 된다.

4. 품의서나 프레젠테이션 자료를 만들 경우

품의서나 프레젠테이션의 자료를 만들 때 품의서의 최종 결재자와 프레젠테이션의 참석자 중에서 가장 중요한 의사결정자를 기준으로 작성해야 한다.

내가 품의서의 최종 결재자라면 또는 내가 프레젠테이션의 의사결정자라면 무엇을 알고 싶어 하고 어떤 내용이 있어야 의사결정을 내릴 수 있을까 하는 항목들이 맥에 해당한다. 맥을 찾아 자료를 만들면 내용을 보다 쉽고 간결하고 정확하게 만들 수 있게 된다.

만약 사장님이 결재하고 또는 사장님이 프레젠테이션을 받는다면 사족은 없애고(필요하면 첨부로) 꼭 필요한 내용만으로 그리고 사장님이 이해할 수 있는 용어를 사용하여 자료를 만드는 것이 중요하다. 프레젠테이션에 대한 자세한 내용은 부록을 참조하기 바란다.

5. 기타의 경우

위에서 설명한 몇 가지 경우 외에도 많은 예가 있을 수 있지만 일일이 설명하기는 쉽지 않다. 필자가 일상적으로 쉽게 생각하는 방법은 어떤 의사결정을 하려고 할 때 그것으로 인한 반대급부(trade-off)를 생각해 보는 것이다.

반대급부라 함은 어떤 일에 대응하여 얻거나 잃게 되는 것을 뜻한다. 미국이 북한에 '핵무기를 포기하면 식량을 지원하겠다'라고 제안하였다면 미국 입장에서 식량을 원조하려면 비용이 들어서 '−'지만 반대급부로 전쟁의 위험을 감소시키는 '+'를 얻었다.

그래서 어떤 의사결정을 할 때 반대급부에 해당하는 내용을 생각해 보고 그 내용이 매우 중요하면 그곳에 맥이 있을 수 있다. 특히 정량화하여 숫자로 나타낼 수 없는 주관적이고 정성적인 내용이면 맥을 찾아내기가 힘들 수도 있으니 이 점을 주의해야 한다.

회사의 일은 무슨 의사결정을 하든지 반대급부가 있기 마련이다. 회사 업무 중 의사결정에 있어서 항상 +만 있는 것은 의사결정이 아니고(그대로 시행하면 된다) +와 −가 모두 존재할 때 어느 것을 택하느냐 하는 것이 의사결정이다. 정성적인 내용이 많을수록 보는 사람마다 주관적이므로 의사결정이 어려워지고 논의를 많이 하게 된다.

예를 들어 카카오톡 같은 사업을 시작한다고 가정해 보자. 시스템을 구상하려면 불특정 사용자가 많기 때문에 초기의 응답시간이 매우 중요하다. 메시지를 주고받는데 시간이 너무 걸리면 사용자는 답답해서 한번 사용해 보고 다시 찾지 않을 것이다. 응답시간을 빨리 하려면 컴퓨터 용량이 충분해야 하고 이에 대한 선행 투자가 준비되어 있어야 한다.

그런데 자금이 없어서 다음과 같은 의사결정을 했다고 가정하

자. 응답시간은 좀 느리지만 감수하기로 하고 서울 지역에 한정해서 사용하는 것으로 해서 적은 투자비용으로 용량이 적은 컴퓨터를 설치하여 사업을 시작한다. 이에 대한 반대급부는 무엇일까?

투자비를 적게 쓴 것에 대한 반대급부는 응답시간이 느리고 서울에 있는 사람들끼리만 메시지를 주고받으니까 매우 불편한 것이다. 그런데 이 사업의 CSF(절대 성공요소)는 다음과 같다.

- 응답시간이 빨라서 한다.
- 누구나 메시지를 주고받을 수 있어야 한다.
- 이 시스템은 경쟁사보다 초기에 확장하여 고객을 선점해야 한다.

반대급부에 해당하는 항목들이 바로 사업의 성공요소인 CSF와 동일하다는 것을 알 수 있다. 즉 이 의사결정에는 이 반대급부에 맥이 있다. 의사결정대로 적은 투자비로 적은 용량의 컴퓨터를 사용하여 사업을 시작하게 되면 실패하게 된다. 따라서 의사결정을 바꾸어 조금 늦더라도 자금을 충분히 확보하여 큰 용량의 컴퓨터를 확보한 후에 사업을 시작하는 것이 옳다.

이 외에 기타 사항은 이 책에서 설명하는 내용들을 따라서 하면 큰 맥은 놓치지 않을 것이라고 생각한다.

요 약

✓ **팀워크 : 직장생활을 즐겁게 한다.**
- 공동의 목표 달성을 위한 시너지 창출
- 스스로 움직이는(empower된) 팀워크가 중요
- 중요점
- 동료가 잘되면 나도 잘된다.
- 동료에 대한 믿음과 배려
- 하나 된 커뮤니케이션(communication)
    - 경청
    - 나는 직원들의 자원(resource)
    - 'not~ because~'가 아니고 'yes~ but~'

✓ **현장주의 : 모든 일은 현장에서 시작된다.**
- 현장에 가면 항상 얻는 것이 있다.
- 현장에서 팩트(fact) 분석이 가능
- 문제 발생 시 현장에서 해결
- 고객의 불만이 클수록 현장으로

✓ **우선순위 : 회사생활을 여유롭게 만든다.**
- 동일한 액션(action)이라도 시점에 따라 가치(value) 차이가 크다.
- 순서를 잘 조합하고 선행적으로 일하면 효율적인 시간 관리 가능

- 약속 기한, 처리 시간, 대상, 요청자 직위, 요청 부서, 관련 인원, 예산 유무
- 급하지 않지만 중요한 일 처리의 중요성

✓ **적시의 에스컬레이션(timely escalation)과 액션(action)**
  : **처리에 대한 시점과 방법에 따라 결과가 다르다.**
- 시점을 놓치면 큰 대가를 치르게 된다.
- 고려 사항
- 일은 혼자 하는 것이 아니고 조직이 한다.
- 가장 중요한 목적만 생각하고 진행
- 적절한 에스컬레이션 시점 찾기

✓ **정도 경영 : 회사와 나를 보호해 준다.**
- 고의적 잘못이 회사와 개인을 파멸시킨다.
- 어떻게 할 것인가?
- 올바른 가치관 정립이 가장 중요
- 문제가 발생하면 최대한 사실(fact)대로 보고
- 협력사는 '갑·을' 관계가 아니고 '파트너'로 인식
- 업무 수행 중 애매하면 정도 방향으로 처리

✓ **긍정적 사고방식 : 현재의 상태를 호전시켜 준다.**
- 고민을 하는 시간에 대책을 세워 액션(action)을 취한다.

- 답은 항상 있다. 단지 모를 뿐이다.
- 가능하다는 믿음으로 일할 때 성공이 가능

✓ **맥을 짚어 일하기 : 일의 효율성과 성공률을 높인다.**
- 업무에 대한 경험, 훈련, 통섭적인 사고방식 필요
- 높은 직위의 리더로 갈수록 필수적인 역량
- 어떻게 할 것인가?
  - 비즈니스와 관련된 업무 : 절대 성공요소(CSF)를 찾아봄.
  - 문제 해결을 하거나 업무 혁신을 할 경우 : 근본 원인 2~3가지 찾기 (5why 기법 이용)
  - 프로젝트 수행 : 일정, 예산, 품질에 관련한 문제점 파악
  - 품의서와 프레젠테이션 자료 만들기 : 고객의 입장에서 정리
  - 기타 : 의사결정 시 반대급부(trade-off)에 맥이 있을 수 있다.

리더를 위한 Tip

✓ **팀워크**
- 팀원들 간에 팀의 목표와 전략에 대한 공유와 공감(empathy)이 중요하다.
- 팀워크에 부정적인 영향을 주는 직원을 모니터링하고 조언해 준다.
- 사원들의 의견을 경청하여 솔선수범하고 중간에 상대방 말을 자르고 말하는 직원에게 주의를 주어 개선하게 한다.
- 사원들을 대할 때 골고루 관심 표명을 하여 팀의 구성원들에게 공정하다는 인상을 주어야 한다. (예 : 편중하여 특정 직원들과 식사하면 안 됨)
- 사원들의 인포멀(informal) 활동에 적극 참여한다. 특히 이러한 활동 중에는 권위와 논리를 버리고 사원들의 감정을 이해하는 감성 스킬이 필요하다.
- 팀의 분위기가 어떤지 수시로 모니터링하여 문제가 있으면 사전에 액션(action)을 취해야 한다.

✓ **현장주의**
- 사원들의 보고를 받고 중요한 사안은 현장에 가서 직접 확인해 보면 좋다. 현장에 자주 간다는 것을 직원들이 알면 직원들도 가급적 현장에 충실하게 된다.
- 고객의 불만이 클수록 현장에 가서 해결하는 모습으로 솔선수범한다.

리더를 위한 Tip

✓ **우선순위**
- 이 책의 우선순위 예를 보여주고 직접 자신의 우선순위표를 만들어보도록 권장한다.
- 사원들의 자기 개발 계획을 분기별로 점검하면서 급한 일뿐만 아니라 급하지는 않지만 중요한 일에 시간 할애하는 모습을 보여준다.
- 급하지는 않지만 중요한 가정일, 건강을 챙길 수 있도록 조언하고 선행적인 프로그램 시행을 권장한다.

✓ **적시의 에스컬레이션(timely escalation)과 액션(action)**
- 회사 일은 혼자 하는 것이 아니고 조직이 하는 것임을 인식시켜 장래 이슈가 될 사안들은 적시에 보고하도록 한다.
- 문제가 발생하더라도 적시에 에스컬레이션하여 영향을 최소화하여 마무리하였다면 칭찬을 하여 적시에 에스컬레이션하는 것을 습관화시킨다.
- 문제 발생하면 잠자고 있는 새벽이라도 사원들이 리더에게 마음 편하게 전화할 수 있는 분위기를 조성해 준다. 실제로 전화한 사원들을 칭찬하고 격려해 준다.

✓ **정도 경영**
- 사원들이 팩트(fact)에 대하여 정확히 보고하도록 하려면 문제가 발생

리더를 위한 Tip

되었을 때 재발되지 않도록 반성 차원의 주의는 필요하다. 그러나 인간적으로 모욕을 주고 심하게 꾸지람을 하게 되면 사원들은 그것이 무서워서 점점 팩트를 왜곡하여 축소 보고하게 되는 경향이 생김을 주의해야 한다.

- 발생된 문제는 주로 문제 해결을 위한 원인 분석과 향후 재발 방지를 위한 수단으로 대화하는 것이 바람직하다.
- 사원들이 실수하는 것을 방지하려면 교육이나 실수 방지 장치와 절차를 통해서 할 수 있으나 정도 위배 사항은 완전히 해결하기 힘들다. 이를 위하여 추가로 사원들에게 가치관을 정립시켜 주어야 한다.
- 회사 내의 정보 보안이 매우 중요한데 예를 들어보자. 특히 고객들의 개인 정보는 유출될 경우 회사의 존속 여부가 좌우될 정도로 심각하기 때문에 이에 대한 보안은 특히 강화해야 한다.

보안에 대해서 가장 큰 문제가 고객 정보에 접근 권한을 가지고 고객 정보를 취급하는 내부 담당자들이다. 이늘이 나쁜 목적으로 개인 정보를 빼돌린 사건은 가끔 신문에서 볼 수 있다. 이것을 방지하기 위하여 교육을 시키고 누가 접근했는지 항상 모니터링하고 있지만 그래도 권한 있는 담당자가 마음먹으면 불가능한 것은 아니다. 교육과 제도장치로 부족한 1%는 어떻게 해결할 것인가? 바로 담당자들의 가치관을 정립시켜 주는 것이다.

리더를 위한 Tip

✓ **긍정적 사고방식**
- 어려울 때일수록 냉정하고 침착한 모습으로 일을 해결하는 모습을 보여준다.
- 항상 '된다' 또는 '할 수 있다'라는 긍정적인 생각으로 일하는 모습을 보여준다. 사원들이 '안 된다' 또는 '할 수 없다'라고 생각하는 순간부터 아예 극복하려는 의도조차 단념하기 때문이다.
- '나는 우리 부서의 리더와 함께 일하고 싶다'라는 생각이 들도록 일하는 자세에서부터 솔선수범해야 한다.

✓ **맥을 짚어 일하기**
- 업무에 대한 경험과 통섭적인 지식이 필요하므로 리더가 지도하기에 쉽지 않은 항목임.
- 일을 열심히 하는데 맥을 놓치는 사원들이 있으면 해당 사항이 발생할 때마다 조언하고, 해당 업무에서 실제로 어떤 것이 맥인지 어떻게 찾는지에 대하여 설명하고 조언해 준다.
- 리더가 되기 위해서는 맥을 짚어 일하는 것이 중요하고 필수적인 역량임을 강조한다.
- 업무를 하면서 주요 맥을 찾아 업무 지시를 할 경우 이 업무에서 맥은 어느 것이고 어떻게 찾았는지 방법에 대하여 설명해 주어서 사원이 맥을 짚어 일하는 것을 습관화시켜 주어야 한다.

CRITICAL SUCCESS FACTOR & IMAGE BUILDING

4장

절대 성공요소와 이미지 만들기
(Critical Success Factor & Image Building)

01. 절대 성공요소
02. 이미지 만들기

01. 절대 성공요소(CSF : Critical Success Factor)

지금까지 1, 2, 3장에서 15가지 기본적인 자세와 요건에 대하여 설명하였는데 이것들을 잘 실천하게 되면 결국 자신에게 다음의 세 가지 자산이 만들어지며, 이 세 가지는 직장생활에 있어서 가장 핵심이 되는 절대 성공요소라 할 수 있다.

앞으로 업무를 수행하며 액션을 취하고자 할 때 이 세 가지 요소에 플러스가 되는지 또는 마이너스가 되는지에 따라 가부를 결정하면 매우 쉬울 것이고, 항상 기억하며 직장생활을 하기 바란다.

책 제목에 있는 이 대리와 이 과장이 업무 수행하는 것을 비교한다면 15가지 기본적인 자세에서 차이가 나면서 결국 이 과장은 다음의 세 가지 요소 중 적어도 한 가지에서 문제가 있을 것이 틀림없다.

1. 스킬

스킬은 크게 나누어 유통, 금융, 제조 등과 같은 산업 스킬과 업무를 수행하기 위한 전문 스킬, 그리고 의사소통, 협상, 프레젠테이션 등 업무 공통 스킬로 나눌 수 있다. 각자의 진로를 고려할 때 필요한 역량에 비해 현재 자신이 부족한 부분이 개발될 수 있도록 노력해야 한다. 물론 글로벌화에 대비하여 어학은 기본으로 익혀야 한다.

우리가 쌓은 지식을 연습하고 훈련할 때 비로소 업무에서 활용할 수 있는 스킬이 된다. 스킬은 업무를 수행하기 위하여 필요한 것이므로 단지 강의실에 앉아서 강의를 듣기만 하면 실제로 업무에 적용하기가 매우 어렵다. 그래서 OJT나 실무를 통하여 스킬을 익혀야 한다.

회사에서 어떤 프로젝트를 할 때 일할 사람이 없다고 하는 것은 그 프로젝트 수행에 필요한 스킬을 가진 직원이 없다는 뜻이다.

회사에서 월급을 지급하는 것은 엄밀히 따져보면 자기가 가지고 있는 스킬에 대하여 대가를 지불하는 것이다. 그래서 스킬을 제대로 갖추지 않으면 일자리를 잃게 될 수도 있고 힘들게 일자리를 구하더라도 다른 동료에 비하여 적은 월급을 받으면서 일할 수밖에 없다.

3장 03. 우선순위에서 설명한 바와 같이 스킬 개발은 급하지 않으나 중요한 영역에 위치하고 있기 때문에 바쁘다 보면 우선순위가 뒤처져서 제대로 자기 개발을 못하는 경우가 많은데 훌륭한 직장인이 되려면 자기 시간을 균형 있게 배분하여 자기 개발을 게을리 해서는 안 된다.

자기 개발의 책임은 회사와 팀장과 자기 자신의 공동 책임인데 자기 자신의 책임이 가장 크다. 자기의 자산을 만드는데 회사나 팀장 탓만 하고 자기 개발을 안 하면 결국 자기의 경쟁력이 떨어져 자기만 손해 보게 된다. 현재는 지금 가지고 있는 스킬로써 회사생활에 문제가 없다 하더라도 자기 개발을 안 하면 스킬이 노후화되어 계속 변화하는 비즈니스 요구(business requirement)를 만족시키지 못하여 결국 실업자가 될 수밖에 없다.

2. 동료와의 관계

동료라 함은 옆에서 함께 일하는 직원을 말하는데 광의로 해석하면 윗사람, 아랫사람 모두를 포함한다.

좋은 동료 관계를 유지하려면 긍정적이고 건설적인 사고방식을 바탕으로 시너지를 내기 위한 팀워크를 중시해야 한다. 퇴근할 때 옆의 동료가 퇴근도 못하고 힘들게 일하고 있으면 "제가 도와줄 일 없나요?" 하고 인사말을 하고 퇴근하는 것은 동료 관계를 좋게 한다.

동료가 잘되면 나도 잘될 것이라는 생각으로 협조하고 배려하면 동료 관계가 좋아질 수밖에 없다. 이를 위해서 우선 자기 자신이 자신감을 가질 수 있도록 노력하는 것이 중요하다. 자기에 대한 확신이 부족한 사람들은 늘 걱정하고 의심하고 자신이 가치 있다는 사실을 끊임없이 자기 자신과 남에게 증명하려 하기 마련이다. 좋은 자료를 구했을 때 동료들과 공유하지 않고 인사 평가하는 윗사람이 있을 때 자랑 삼아 발표한다면 동료들은 금방 알아채고 그 동료와의 관계는 멀어질 것이다.

내가 리더일 경우 어려운 일이 생겨 직원이 힘들어 하면 내가 바람막이가 되어주고 일이 잘못 되면 내가 앞에 나서서 반성해야 한다. 반대로 좋은 일이 생기면 담당한 직원을 앞세워서 칭찬을 받게 하면 동료 사이에 신뢰가 형성되면서 동료 관계가 더 한층 좋아질 것이다.

동료 관계가 좋아야 회사생활이 재미있고 보람이 있다. 앞에서 언급했지만 회사에 다니면서 나의 만족도를 높이고 직장생활을 즐겁게 해주는 것은 월급과 자기 개발 이외에 동료들과 만나는 것이다. 하루에 8시간 일한다는 것은 잠자고 식사하는 시간 제외하고 대부분을 회사에서 시간을 보내는 것이기 때문에 동료들과의 관계가 나쁘면 회사 다니는 것 자체가 괴로울 뿐이다.

일을 하다 보면 상급자가 보기 싫어서 회사를 그만두는 직원들도 있고 얼굴이 항상 어두운 직원들도 있다. 내가 싫어하는 동료들보다 더 마음에 들지 않는 동료를 다른 회사에 가서 만날 수 있기 때문에 누가 싫어서 회사를 옮긴다는 것은 현명하지 않다. 그래서 리더는 나 때문에 어떤 직원이 회사를 옮긴다거나 아침 출근길에 발길을 무겁게 만들어 주고 있는가를 가끔 생각해 보아야 된다.

상대방의 잘못을 지적할 때 내 입장이 아니라 상대방의 입장에서 말하면 상대방이 내 말에 수긍을 하고 개선하여 동료 관계에 영향을 안 주면서 할 말은 충분히 할 수 있다. 직원과의 관계가 나빠질 것을 우려하여 할 말(Straight Talk)을 못하는 리더들을 종종 보는데 직원의 입장에서 말하면 같은 내용이더라도 직원이 쉽게 수긍하고 오히려 나에게 감사하는 마음을 갖게 된다.

아침 출근할 때 매일 5분에서 10분을 지각하는 이 과장이 있었다. 집이 회사 옆이라서 지각하는 시간이 거의 일정하였다.
"왜 매일 지각을 하는 것이지요? 지난주에 내가 상무님으로부터 우리 팀 기강이 해이하다고 주의 들었습니다. 몇 번 더 지각하면 나도 징계 위원회에 올릴 수밖에 없습니다"라고 말하였다면 이 과장은 우선 징계 당하지 않기 위해서 마지못해 개선은 하겠지만 속으로 '우리 팀장은 자기가 주의 받은 원인을 왜 나랑 결부시키는 것일까?' 하고 반발감을 가지면서 리더를 불신하게 된다.

지각한 이 과장의 장래를 걱정하며 이 과장의 입장에서 말해 보겠다.
"내가 회사생활하면서 제일 중요한 것이 무엇이라고 했지요?"
"신뢰 구축입니다."
"맞습니다. 신뢰는 어디서부터 시작된다고 했지요?"
"약속을 지키는 것입니다."

"이 과장은 실력이 좋고 장점이 많은 직원입니다. 단지 매일 10분씩 지각하는 것이 걱정됩니다. 출근 시간은 회사와의 약속입니다. 이렇게 자주 지각하면 약속을 어기는 것이고 함께 일하는 동료들로부터 신뢰를 잃게 되어 앞으로 이 과장이 사회생활하는 데 많은 지장을 주게 됩니다. 20분 정도 일찍 와서 하루의 일과를 계획하고 시작하면 여유도 생기고 일의 능률도 훨씬 오를 것입니다."

리더 입장이 아니고 이 과장의 장래를 위해서 말했기 때문에 이 과장은 진정으로 반성하고 개선하면서 자기의 장래를 걱정하여 조언해 준 리더에게 감사하는 마음을 가질 것이다.

3. 고객과의 관계

마지막으로 가장 중요한 것은 고객과의 관계이다. 고객은 내부와 외부 고객이 있고 협력업체도 광의의 고객이라 볼 수 있는데 프로는 고객 중심의 사고방식을 가져야 한다.

앞에서 고객 중심에 대하여 길게 설명을 하였다. 회사를 유지하려면 매출이 있어야 하고 매출은 고객으로부터 나온다. 또한 이 세상의 모든 직업에는 고객이 필수적이기 때문에 사회생활을 하면서 고객을 피하는 것은 불가능하다. 그래서 고객 중심이란 나의 생존은 고객 덕분에 가능하다는 사실을 인지함으로써 시작된다.

고객 중심이라고 말로만 할 것이 아니고 실제로 고객을 가슴에 담을 수 있어야 한다. 고객의 불만이 나와 회사에 대한 기대치에서 나오는 것이고 나의 월급은 고객이 준다고 생각할 때 비로소 고객을 가슴에 담을 수 있게 된다.

고객의 불만이 클수록, 어려운 상황에 접하게 될수록 고객 앞으로 나가서 현장에서 해결해야 한다. 고객의 불만이 많거나 어려운 일에 힘들어 할 때 고객에게 적극적으로 다가가서 해결한다면 고객이 나에게 주는 신뢰는 더욱더 커져서 불만을 해결하고 매출을 올릴 수 있는, 즉 위기를 기회로 바꾸게 된다. 불만이 많은 고객은 문제 해결만 잘되면 계속 나의 서비스를 구매하지만 오히려 불만을 이야기하지 않고 조용한 고객은 어느 날 가보면 다른 회사의 고객이 되어 있는 경우가 많았다.

고객이 나의 서비스나 판매한 제품에 불만이 많아 해결을 위한 방문을 요청 받은 경우 방문하는 일이 즐겁지 않을 것이다. 그러나 '고객이 우리 회사(또는 부서)와 나의 서비스에 대한 기대치가 이렇게 클 수가 있나! 잘 해결하여 위기를 기회로 만들어야지'라고 생각해 보자. 이런 생각으로 방문하여 경청하고 해결하게 되면 돌아올 때 항상 마음도 가볍고 성취감도 얻을 수 있다는 것은 지금까지의 경험상 한 번도 틀린 적이 없다.

고객과의 좋은 관계를 위하여 고객과 식사나 운동을 함께하는 것도 좋은 방법이지만 협력업체가 제공하는 제품과 솔루션은 고객사의 사업의 성공을 좌우하기 때문에 충실한 솔루션과 철저한 지원이 반드시 선행되어야 한다.

또한 상호 신뢰가 충분히 구축되어야 하는데 이를 위해서는 철저한 약속 이행이 필수적이다. 약속한 날까지 주어진 과제의 결과물을 전달하지 못하면 반드시 하루나 이틀 전에 이유를 설명하고 양해를 구하도록 하는 것이 좋다.

영업을 하다 보면 회사의 실적을 위하여 제품을 팔아야 하는데 만일 실제로 그 제품이 고객의 니즈에 부합되지 않으면 솔직하게 고객에게 팩트(fact)를 설명하여 구매하지 않도록 하는 것이 신뢰의 기초가 된다.

단기적으로 매출을 올리기 위하여 고객에게 진실을 말하지 않고 거짓말로 제품을 판매했다면 한 번은 사겠지만 나중에 알게 되면 크게 실망하고 다른 곳으로 거래처를 옮길 것이다. 심한 경우 클레임이 걸려서 손해를 배상하고 회사는 되돌릴 수 없을 정도로 이미지가 실추되고 사회의 지탄의 대상이 되어 고객이 모두 떠나면서 회사의 운명은 다할 수도 있다.

넓은 의미로 보면 협력업체도 고객에 포함되는데 협력업체와의 관계에 있어서도 윈윈(win win)하는 정신으로 거래를 해야 한다. 두 개의 업체를 경쟁시키면서 A사의 제안 가격을 B사에 알려주어 DC를 하게 하고, 다시 B사의 DC된 가격을 A사에 알려주어 추가 DC를 하게 한다면 협력업체는 영업을 포기하고 다시는 우리 회사에 제안을 안 할 것이다. 최악의 경우는 A사가 공정위원회에 부당 행위를 제소하여 사회적으로 우리 회사의 이미지가 실추될 수도 있다.

문제가 발생하였을 때 협력업체를 갑과 을의 관계로 추궁하는 것보다 우리 회사와 함께 협력해서 문제를 해결해야 한다는 파트너십 정신으로 대하면 협력회사와 건강하고 좋은 관계가 지속될 것이다.

협력업체에게 제품과 서비스에 대한 대금을 지불하기 때문에 협력업체는 불만이 있더라도 고객이 지시하는 일을 하지 않을 수 없다. 그러나 협력업체가 계약 관계로 지원하는 것과 고객을 위하여 진심으로 지원하는 내용의 차이는 매우 크다.

전산을 하려면 많은 컴퓨터가 필요하고 이 컴퓨터들을 보관하고 관리해 주는 데이터 센터가 필수적인데 이를 운영하는 협력업체가 매우 중요하다. 필자는 큰 프로젝트가 시작될 때에는 데이터 센터를 찾아가서 협력업체 운영자들에게 프로젝트의 개요와 중요성에 대하여 프레젠테이션을 하고 삼겹살에 소주 한잔을 하면서 격려를 한다. 물론 데이터 센터 운영 요원들은 우리 프로젝트의 내용을 모르더라도 우리가 요청한 내용만 서비스해 주면 되지만 중요한 내용을 전달함으로써 협력업체는 고객으로부터 동반자로 인정받았다는 것과 스스로 중요한 프로젝트에 기여한다는 자긍심을 가지게 된다.

약간의 시간과 식사비용이 들었지만 협력업체가 스스로 동기화(empower)되어 지원하는 내용의 품질과 열정은 기대 이상으로 매우 크다. 특히 고객 사이트에서 문제가 발생했을 때 내 일처럼 해결하고자 하는 협력업체 직원들의 주인의식을 보면 감동스러울 때가 많다.

앞에서 15가지 기본자세를 설명하면서 배려와 정직, 열정 등이 매우 중요한데 왜 항목에 없냐고 질문하는 직원들이 종종 있다. 그러한 것들은 매우 상식적인 것이어서 생략했는데 배려가 없고 정직하지 않고 열정이 없는 직원을 동료와 고객이 좋아하겠는가? 그래서 이 책에서 별도로 강조가 안 된 항목들은 세 가지 절대 성공요소인 스킬 향상, 동료와의 관계, 고객과의 관계에 대입하여 생각하면 된다.

나는 우리 직원들이 어느 학교를 졸업했는지 어느 지역 출신인지 별로 관심이 없다. 오직 세 가지 관점에서 평가를 한다. 신입사원을 면접하여 채용할 때도 앞으로 이 세 가지를 잘할 가능성이 있는 사람을 고려하여 채용한다.

지금까지 수백 명의 영업사원들을 교육하면서 "이 세 가지를 실천해 보시고 모두 잘했는데도 불구하고 직장생활에 실패를 하게 되면 찾아오세요. 내가 책임지고 취직시켜 주겠습니다"라고 자신 있게 말했는데 아직까지 나를 찾아온 직원들은 없다.

여러분들도 주위에서 일 잘한다고 평판이 좋은 직원 한 명을 머릿속에 떠올려 보자. 세 가지를 대입해 보면 어떤가. 모두 문제가 없을 것이다.

반대로 주위에서 문제가 있다고 평판이 나 있는 직원 한 명을 떠올려 보자. 세 가지를 대입해 보면 이중에서 한 가지가 깨져 있을 것이다.

고객에게 왜 서비스를 친절하게 잘 해야 하는가? 진심 어린 서비스를 하면 고객이 증가하고 회사의 매출로 연결되어 회사가 성장한다. 더불어 세 가지 절대 성공요소 중의 하나인 나와 고객과의 관계가 좋아지고 내가 잘될 수 있기 때문이다.

왜 동료와의 커뮤니케이션과 팀워크가 중요한가? 커뮤니케이션과 팀워크를 잘하면 더불어 세 가지 절대 성공요소 중의 하나인 나와 동료 관계가 좋아지고 내가 잘될 수 있기 때문이다.

왜 바쁜 중에도 스킬 개발을 게을리 하면 안 되는가? 자기 개발을 열심히 하여 더불어 세 가지 절대 성공요소 중의 하나인 스킬을 보유해야 장래 나의 경쟁력이 생기고 내가 잘될 수 있기 때문이다.

이러한 세 가지를 잘 갖추게 되면 결정적으로 내가 평가받는 데 중요하게 작용하는 무엇이 좋아지게 된다.

그것이 무엇인지 다음 장에서 보도록 하자.

02. 이미지 만들기(Image Building)

"이 대리 어때요?"라고 누가 나에게 묻는다면 나는 '이 대리가 작년에 어떤 고과를 받았지?'라는 생각보다는 '평상시 일하는 자세가 어떠하지?'를 먼저 생각하게 된다. 주인의식이 얼마나 강한지, 스킬은 좋은지, 고객에 대한 서비스 자세, 동료들과의 팀워크, 표정, 옷차림 등인데 이러한 내용들이 바로 이 대리의 이미지라고 말할 수 있다.

직장생활을 하다 보면 나도 모르게 나에 대하여 나의 이미지가 미치는 영향이 매우 크다.

사원에서 대리까지는 매년 고과의 결과를 보고 큰 하자가 없으면 어느 정도 기간이 경과함에 따라 진급을 시킨다. 하지만 조직책임자인 과장 이상을 진급시키려면 사장과 임원들로 구성된 경영 회의에서 진급 심사를 한다. 여기에서 물론 후보자의 과거 고과점수는 참고하지만 가장 중요한 것은 직원의 역량, 일하는 자세 등을 참조하고 논의한다. 직원의 역량과 일하는 자세 등이 바로 그 직원의 이미지다.

회사를 옮기게 되는 경우 중요하고 높은 직급의 자리일수록 그 사원을 채용함에 리스크를 줄이기 위하여 지금까지 응시자가 함께 지내온 주변의 동료들에게 응시자에 대하여 물어보는 '레퍼런스 체크(reference check)'라는 것을 통하여 검증하는데 바로 응시자의 이미지에 대하여 조사하는 것이다. 나도 종종 헤드헌터사로부터 아무개에 대하여 어떠냐고 질문을 받는데 후보자의 장래를 결정하는 일이기 때문에 답하기가 매우 조심스럽고 어느 경우에는 답하기가 곤란하여 잘 모른다고 할 때도 있다. 정말 아까운 인재이면 침이 마르도록 칭찬을 하게 되는데 반대의 경우 그 응시자의 단점은 말할 수 없고 "괜찮습니다"라는 정도의 답을 하게 된다. 아마 헤드헌터는 나의 목소리 톤에서 후보자가 동료들에게 어떤 이미지로 알려져 있는지 느낌으로 판단했을 확률이 높다.

이미지라는 동전을 저금통에 저금할수록 상승효과가 있다

앞에서 이미 언급했지만 직장생활 초기에 연말에는 성과를 정량적·정성적으로 평가하여 포상을 하였다. 그런데 내가 주로 기여를 했고 고생도 많이 했는데 함께 일했던 동료가 상을 받는 경우가 종종 있었다. 상을 받은 동료에게 축하를 해주었지만 마음 한구

석에는 '일은 내가 주로 했는데 왜 상은 다른 사람이 받을까? 우리 임원은 내가 고생하고 있는 것을 알고 있는 것일까?' 하는 생각과 함께 서운한 마음이 없지 않았다. 그러나 나중에 동료들 가운데 가장 먼저 팀장이 되었는데 팀장으로 발탁된 것에 대하여 윗분들이 전하는 말을 우연히 들을 수 있었다.

"팀장 후보자가 여러 명 있었는데 자네가 동료들의 다면 평가가 제일 좋았고 평상시 일하는 자세에 대하여 임원들의 평가가 좋아 조직 책임자가 되는 것에 대하여 반대가 없었다네."

나와 함께 일하지 않았던 임원들은 나에 대하여 모를 것이라고 생각하였는데 임원들은 나에 대하여 잘 알고 있었다. 내가 서운해 했던 동료들이 나를 적극 추천해 주었다는 것은 나도 모르게 나의 이미지 저금통에 나의 이미지에 대한 100원짜리 동전이 하나씩 저금되고 있었던 것이다.

이미지 형성에는 MOT(Moment of Truth)에서 가장 많은 영향을 받는다. 고객에게 서비스 제공 시 고객과의 접점에서 만나는 진실의 순간인데 결정적 순간을 의미한다.

MOT란 원래 투우 용어인데 투우사가 소의 급소를 찌르는 순간을 말한다. 즉 '피할 수 없는 순간' 또는 '실패가 허용되지 않는 매우 중요한 순간'을 의미한다.

고객뿐 아니라 동료들과 협력업체들과 일하면서 MOT는 무수히 많다. 고객에게 제안서를 내려고 할 때 고객 회사의 정보 수집이나 제안을 하기 위하여 영업 대표가 고객에게 전화를 할 수도 있고 만날 수도 있다.

내가 다니던 유통 회사의 경우 상품을 배송하는 기사, 매장의 계산원, 장애나 불만을 접수하는 콜센터 직원, 환경 미화원에 이르기까지 모두 고객의 접점에서 MOT가 많은 매우 중요한 직원들이다. 상품을 사고 계산원에게 계산하여 돈을 지불하고 떠나는 시간은 불과 1, 2분이지만 계산원의 친절도에 따라서 고객은 우리 회사에 대한 이미지를 만들어갈 것이다.

사내 게시판에는 고객들이 매장에서 만났던 직원에 대하여 칭찬의 글과 불만의 글이 매일 올라온다. 사원들과 널리 공유하는 이유는 고객의 소리를 직접 듣고 더욱 좋은 서비스를 하도록 하기 위함이다. 공통된 내용은 "매장의 아무개의 진심 어린 서비스에 감동하여 앞으로 무조건 여기에서 장을 보겠습니다"와 "너무 화가 나서 다시는 이 매장에 오지 않겠다"라는 것이다. 결정적인 순간을 잘하고 못함에 따라 우리 회사에 대한 고객의 입장은 정반대의 결과를 초래하였다.

그러면 이렇게 중요한 나의 이미지 형성에 있어서 어떤 특징이 있는지 알아보자.

1. **이미지는 상승효과가 있다.**

이미지가 좋게 형성이 되면 점점 좋아져서 기대하지 않은 좋은 결과를 가져오고 나쁘게 형성되면 더욱더 나쁜 결과를 가져온다.

아무개로 인하여 동일한 이슈가 발생하였을 때 평소 이미지가 좋았던 직원이면 "아무개는 절대 그런 직원이 아닌데 무슨 피치 못할 사연이 있겠지" 하고 말하지만 이미지가 좋지 않았던 직원으로 인하여 이슈가 발생하였다면 동일한 문제임에도 불구하고 "아무개가 결국 사고를 내었군. 내가 그럴 줄 알았다"라고 험담을 하게 된다.

2. **이미지는 초기에 한 번 형성되면 변경이 쉽지 않다.**

이미지가 한 번 형성되면 좀처럼 바꾸기가 어렵다. 나의 이미지가 좋지 않아서 개선해 보려고 지금부터 몇 배 노력하더라도 단기간에 이미지를 크게 개선하기 어렵다.

어떤 새로운 직장이나 팀에 배치되면 자신에 대한 이미지가 형성되기 시작한다. 그 팀에서 근무하면서 형성되는 이미지를 100이라 가정하면 새 조직에서 일한 지 1년 이내에 90% 이상의 이미지가 형성되고 그중에서 다시 90%가 6개월 이내에 형성된다. 그래서 어느 조직에 새로 가게 되면 처음 6개월이 매우 중요하다.

내가 어떤 정보가 필요하여 신입사원에게 자료가 있냐고 물을 경우가 있다. 물론 입사한 지 얼마 안 되었는데 내가 필요한 자료가 없는 것이 당연하지만 "모르겠습니다, 저는 자료가 없습니다"라고 답하는 것보다 책상에서 무엇인가를 찾아보기도 하고 "급한 것인가요? 시간을 주시면 자료를 구해 보겠습니다" 하고 답한 후에 다른 직원을 통하여 또는 인터넷 등을 뒤져서 자료를 구해 온다면 그 직원의 일하는 자세에 대하여 좋게 보게 되고 나도 모르게 그 직원의 이미지라는 저금통에 동전 하나를 저금해 줄 것이다.

3. 이미지에 대한 다면 평가 점수는 비슷하다.

회사에서 이미지에 대한 평가는 다면 평가라는 방법으로 시행된다. 각각 점수에 대하여 기준이 따로 명시된 것은 없고 단지 질문에 1. 매우 그렇다 2. 그렇다 등으로 답을 하는데 신기하게도 각 평가자의 점수가 비슷하게 나온다.

이것은 나의 이미지가 나도 모르게 평상시 함께 일하는 동료들에게 비슷하게 인식된다는 것을 뜻한다. 그래서 이미지를 좋게 가져가기 위해서는 일부러 어떤 행동을 의식적으로 하는 것보다 지금까지 강조했던 기본자세를 갖추면서 스킬, 동료와의 관계, 고객과의 관계를 잘하는 것이 무엇보다도 중요하다.

요약

✓ **절대 성공요소**(Critical Success Factor)

1. 스킬
   - 나의 경쟁력
   - 스킬의 종류
   - 산업 스킬
   - 전문 스킬
   - 업무 공통 스킬
   - 어학

2. 동료와의 관계
   - 동료가 잘되면 나도 잘된다.
   - 믿음과 배려
   - 공감이 중요
   - 회사생활의 중요 요소
   - 상대방 중심의 커뮤니케이션

3. 고객과의 관계
   - 고객 중심의 사고방식
   - 고객 불만에 대한 긍정적 생각
   - 협력업체와 윈윈 관계

✓ **이미지 만들기**(image building)
- 이미지라는 동전으로 저금통에 저금하기
- 특징
  - 상승효과
  - 초기에 형성되어 개선이 쉽지 않다.
  - 평가자들의 다면 평가 점수가 비슷하다.
  - 15가지 기본자세와 절대 성공요소가 중요

향후 과제

지금까지 주인의식과 가치 창출 그리고 일하는 자세에 대하여 각각 왜 중요한지에 대한 이유와 How to에 대하여 설명하였습니다. 이러한 기본자세를 갖추게 되면 스킬 향상, 동료와의 관계와 고객과의 관계가 좋아진다고 하였고, 결국 자신의 좋은 이미지를 유지하게 됩니다.

앞에서 강조한 많은 기본들을 갖추고 이미지를 좋게 형성하여 향후 무엇을 해야 할까요? 이것을 하나의 공식으로 표시하고자 합니다. 이 공식은 대학 시절에 존경하는 교수님께서 주신 지침인데 항상 이 공식을 가슴에 담고 직장생활을 하였습니다. 교수님께서는 V-P〉0라 하셨는데 0 대신 극대화로 수정하였습니다.

V-P를 극대화하기

V는 Value이고, P는 Price 또는 Pay로 이해하면 됩니다.

Value는 내가 회사에 기여하는 가치이고, P는 나의 몸값, 회사가 나에게 지불하는 돈, 즉 월급이라고 볼 수 있습니다.

내가 매월 월급을 100만 원 받는다고 가정하면 나는 얼마의 가치를 회사에 기여해야 할까요?

보통 월급이 100만 원이면 교육비, 노무비, 내가 차지하고 있는

면적에 대한 임대료 등이 추가되어야 하므로 나의 유지비는 보통 월급의 2~3배(200~300만 원) 이상입니다.

각자 자기의 생각을 먼저 정리해 봅시다. 200만 원의 가치(value)를 기여하면 될까요? 아니면 1,000만 원이 되어야 할까요?

맡은 직무에 따라 다르겠지만 적어도 내 월급의 5~10배 이상을 기여해야 할 것입니다. 영업직은 지원부서 직원들의 비용까지 부담해야 하니까 더 많은 가치를 만들어내야 할 것입니다. 이런 직원들은 人財(재물 재)로 인식되어 연봉 협상에서도 유리한 위치에 있을 것입니다.

월 200~300만 원을 기여하는 직원은 단지 자기 비용만 충당하고 있으니까 人在(있을 재)라 함이 옳을 것입니다. 경쟁력이 없어서 연봉 협상에서 별로 주장할 내용이 없을 것이고 이렇게 몇 년 지속되면 다른 직업을 구해야 되는 상황이 올 수도 있습니다.

200만 원도 기여 못하는 직원은 자기 밥벌이도 못하기 때문에, 즉 회사에 손해를 주는 직원이므로 人災(재앙 재)에 해당할 것입니다. 이런 직원들은 지속적으로 회사에 남아 있기 어렵고 아마 조기 퇴직 프로그램이나 권고사직의 대상이 될 것입니다.

Knowing Doing gap 줄이기

지금까지 여러 기본자세에 대하여 설명하고 강조를 하였는데 이해가 안 되는 내용은 거의 없을 것입니다.

문제는 이러한 내용을 어떻게 실천하는가 하는 것입니다. '구슬이 서 말이라도 꿰어야 보배'라는 속담이 있듯이 알기만 하고 실천하지 않으면 전혀 의미가 없습니다.

필자의 경험담을 통하여 직장생활에서 실패하지 않고 성공할 확률이 높은 방법을 전달해 주는 것으로 이 책의 소임은 다했다고 생각합니다.

이것을 실천하여 여러분의 자산으로 만들 것인가는 누가 시켜서 하는 것이 아니고 순전히 여러분의 판단과 의지에 달려 있습니다.

기본이라는 것은 원래 이론은 어렵지 않지만 습관화되어 실천할 때 비로소 가치가 있는 것이기 때문에 어렵습니다. 테니스를 배울 때 기본자세를 무시하더라도 어느 정도 게임을 할 수 있지만 시간이 흐를수록 한계를 느낄 것입니다. 이 책에서 강조한 기본에 대한 내용을 하나씩 실천해 가고 습관화해 가면 여러분들이 직장생활에서 발전의 한계를 벗어나 모두 프로가 될 것으로 필자는 확신합니다.

마지막으로 이 책의 내용을 생각하면서 다음 페이지와 같이 세 가지 절대 성공요소에 대하여 각자의 개선 사항을 2~3개씩 정리해 보고 6개월 후에 결과가 어떤지 점검해 보기 바랍니다. 그래서 각자가 직접 작성해 볼 수 있는 양식을 부록에 실었습니다. 또한 카페 (http://cafe.naver.com/3keys)의 '나의 개선 사항 작성' 메뉴에 가서 작성한 내용을 올리면 저자와 다른 독자들의 의견을 들을 수도 있습니다.

가로 문서

부록

부록
(appendix)

01. 순서와 양식
02. 프레젠테이션
03. 직원들이 자주 하는
　　질문과 답

APPENDIX

01. 순서와 양식

- 양식
- 우선순위 1
- 우선순위 2
- THINGS TO DO
- 세 가지 성공요소에 대하여 나의 개선 사항 양식
- 프레젠테이션(presentation)
- 직원들이 자주 하는 질문과 답

    부록에는 우선순위표를 스스로 만들어볼 수 있도록 양식을 첨부하였습니다. THINGS TO DO 카드는 복사해서 사용해도 되고 문구점에서 구할 수 있습니다.

    프레젠테이션은 컴퓨터 회사에서 배운 이론을 기반으로 30년간 실제로 프레젠테이션을 해 본 필자의 경험에서 중요한 맥에 해당하는 부분만 정리하였습니다. 몇 페이지로 간단히 정리하였지만 한 권으로 이루어진 이론서보다 여러분들에게 도움이 될 것입니다.

파워포인트로 되어 있는 양식을 네이버 카페(카페명 : 잘나가는 이 대리 http://cafe.naver.com/3keys)의 자료실에 실어놓았으니 다운로드 받아서 직접 기입하여 사용할 수 있습니다. 네이버에 로그온하면 바로 카페에 자동 가입되도록 하였으니 많은 이용 바랍니다.

이 책을 읽고 난 후 독후감이나 건의사항을 카페에 올려주시면 다음 개정판에 참조하여 반영하도록 하겠습니다.

스마트폰으로 다음 QR코드를 스캔하면 좀 더 쉽게 카페에 방문하여 글을 남길 수 있습니다. 스마트폰에서도 네이버상에 로그인이 필요합니다(PC로 보면 양식이 준비되어 있어서 글쓰기가 보다 편리합니다).

우선순위 (1) 양식

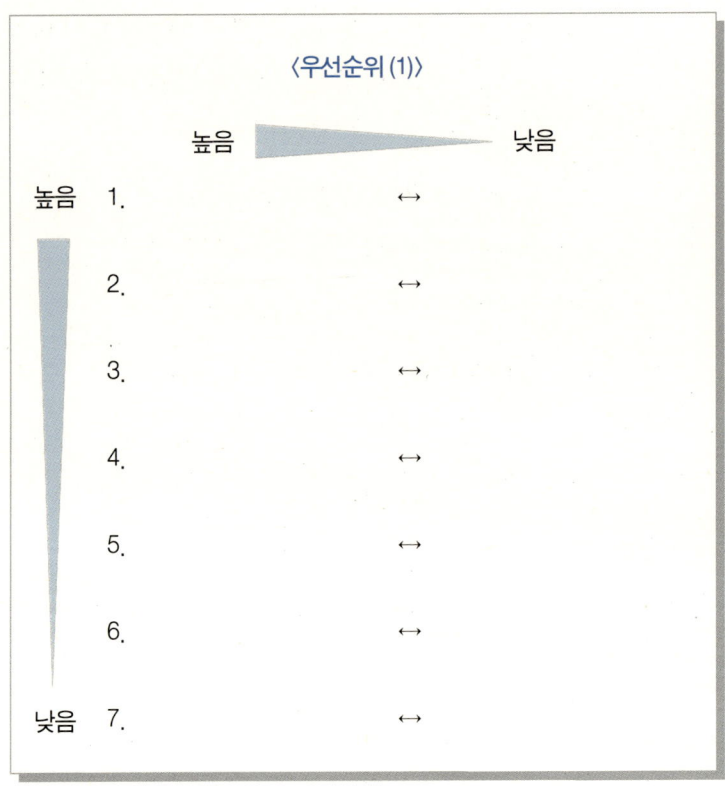

※ 위의 양식을 복사하여 자신의 우선순위를 만들어보시기 바랍니다.

가로 추가 2

THINGS TO DO 양식

<우선순위 관리 방법(THINGS TO DO 카드)>

THINGS TO DO	THINGS TO DO
_____	_____
_____	_____
_____	_____
_____	_____
_____	_____
_____	_____
_____	_____
_____	_____
_____	_____
_____	_____
_____	_____
_____	_____
_____	_____
_____	_____
_____	_____
_____	_____

※ 위의 양식을 복사하여 사용해 보시고 효과가 있으면 문구점에서 이 양식을 구입하여 사용 바랍니다.

가로 문서 3

02. 프레젠테이션(presentation)

1. 준비 단계

프레젠테이션(presentation, 이하 PT라 함)은 발표자 자신이 직접 구상하여 만드는 것이 가장 좋습니다. 남이 만들어놓은 것을 발표하는 것보다 자기가 만든 자료를 발표하는 것이 훨씬 쉽고 설득력도 좋습니다. 그러나 실제 상황에서는 발표자가 팀장이나 임원이고 발표자료 준비는 사원이 하는 경우가 많습니다.

사원이 PT 내용을 완성하여 팀장에게 보고할 때 팀장이 많은 수정을 하거나 다시 만들어오라고 하면 힘들게 준비한 담당 사원은 맥 빠지게 됩니다. 그래서 만들기 전에 전체 줄거리를 사전에 보고하고 발표자의 동의를 얻는 것이 좋습니다. 다시 작업하는 확률이 적어지는 것입니다.

▍**고객의 입장에서 고객의 니즈와 관심사를 생각하여 작성한다.**

의사결정자의 입장에서 의사결정자가 무엇을 알고 싶어 할까를 생각해 봅니다.

PT의 고객은 의사결정자와 배석자들입니다. 상품을 판매할 때 고객의 니즈가 무엇인지를 파악하고 니즈를 만족시키는 상품을 준비하여 판매할 때 성공적인 매출이 될 수 있는 것처럼 PT의 고객들의 관심사가 무엇이고 어떤 내용을 팔면 잘 팔 수 있을까 고려하여 PT자료를 작성한다면 누가 작성하더라도 크게 실패하지 않습니다.

❙ 맥을 짚어 꼭 필요한 내용만으로 심플하게 구성한다.

담을 내용을 생각할 때 이 PT를 통해서 어떤 목적을 달성하고 의사결정자를 어떻게 무엇으로 설득할 것인가를 맥을 짚어 적어야 합니다. 차트에는 거기에 필요한 내용으로만 구성해야 합니다. 혹시나 하여 관련되는 모든 내용을 문서처럼 적는다면 내용 전달에 있어서 핵심을 잃게 되고 듣는 사람도 어떻게 의사결정을 해야 할지 망설이게 됩니다. 갈치를 잡는 데 있어 꼭 필요한 낚싯대만 사용해야 하는데 혹시나 하여 새우 그물로 잡아 갈치는 물론이고 새우를 포함한 모든 잡어들이 함께 잡혀서 갈치를 골라내기가 어려운 형국과 비슷합니다.

필요 이상으로 내용이 많아 의사결정자가 의사결정에 필요한 내용에서 벗어나 쓸데없는 내용을 질문할 경우, 본론은 설명도 못 하고 시간이 다 되어 다음으로 PT가 연기되었다면 준비한 사원은 열심히 했지만 헛일을 하여 귀중한 시간만 낭비한 것입니다.

┃ PT의 대략 구성과 줄거리는 사전에 발표자와 합의하고 작업하는 것이 좋다.

중요하고 페이지 장수가 많은 PT자료일수록 필자는 포스트잇을 사용합니다. 큰 포스트잇에 제목과 들어갈 내용을 간단히 적어서(PT 한 장분의 내용을 포스트잇 한 장으로 표시) A4 용지 위에 여러 장의 포스트잇을 순서대로 배열합니다. 이 내용을 발표자나 검토자와 리뷰를 한다면 재작업을 예방하여 시간 절약을 할 수 있습니다. 발표자는 자기가 생각하는 순서대로 포스트잇 순서를 바꿀 수도 있고 부담 없이 내용을 간단히 수정하면 됩니다.

PT할 시간이 임박하고 수정하는 것이 미안하여 발표자가 마음에 안 들더라도 그대로 PT를 하는 경우가 있는데 최선의 결과를 위하여 바람직하지 않습니다.

이렇게 줄거리와 각 페이지에 들어갈 중요 내용에 대한 합의를 하고 자료를 준비하면 완성된 자료가 크게 달라지지 않아서 준비 시간도 절약할 수 있고 내용도 충실하게 만들 수 있습니다.

┃ 복잡한 기교와 많은 컬러는 피한다.

어떤 직원들이 만들어온 자료를 보면 동영상처럼 모든 제목과 내용이 움직이는 형태로 작성한 것을 보는데 이러한 기법은 자기가 꼭 강조하고 싶은 내용에 국한해서 사용해야 본래의 목적을 달성할 수 있습니다.

컬러도 총천연색으로 여러 색상을 이용하여 만들 수도 있는데 별로 권하고 싶지 않은 방법입니다.

두 가지 모두 너무 현란하여 전달하고자 하는 메시지가 불필요한 컬러와 기교로 인하여 상쇄되어 전달 효과가 반감될 수 있기 때문입니다.

2. 발표 단계

▌의사결정자의 좌석 위치에 따라 발표자의 위치가 변한다.

의사결정자가 테이블의 중앙에 앉아 있으면 나의 위치는 스크린을 바라볼 때 스크린의 우측에서 PT하는 것이 보통인데 만약 의사결정자가 스크린을 바라볼 때 우측으로 이동하면 내가 스크린의 좌측으로 가서 PT하는 것이 맞습니다. 그래야 내가 의사결정자를 바로 보게 되고 PT가 자연스러워져서 전달 효과를 높이게 됩니다.

▌시선의 방향은 스크린 30%, 참석자 70% 정도로 배분한다.

어떤 발표자는 주로 스크린을 보면서 발표하는 모습을 보이는

데 PT할 때 매우 조심해야 합니다. 뭔가 자신이 없어 보이고 제대로 내용이 전달이 안 됩니다. 내용에 따라 다르겠지만 내용을 충분히 숙지하여 스크린보다는 참석자와 의사결정자를 주로 보면서 발표하는 것이 훨씬 효과적입니다.

▌손동작과 포인터는 자연스럽게 사용해야 한다.

발표자들을 보면 가장 어려운 것이 손 처리하는 것입니다. 스크린을 바라볼 때 스크린 우측에서 PT하면 포인터는 오른손으로 들어서 참석자가 나의 모습 전체를 보도록 하는 것이 좋습니다. 이때 왼손은 자연스럽게 내리고 약간의 제스처가 필요할 때 사용하면 좋습니다. 일반적으로 어색하여 주머니에 손을 넣기도 하고 포인터를 든 오른팔을 잡기도 하고 어쩔 줄을 모르는데 보는 사람 입장에서 보면 눈에 거슬리고 부자연스러워 발표 내용에 집중이 약해질 수 있습니다.

보통 레이저 포인터를 많이 사용하는데 주의할 점은 내용의 위치만 레이저 포인터로 가리키고 참석자들을 향해서 자연스럽게 말하는 것이 좋습니다. 포인터로 계속 줄을 그어 가면서 설명을 한다든가 빙빙 돌려서 보는 사람들이 내용에 집중을 못하고 어지럽게 되는 일이 없도록 해야 합니다.

▍강약의 혼합을 적절히 섞어서 자신 있게 발표해야 한다.

처음부터 마지막까지 같은 톤으로 지루하게 발표하면 내용에 집중이 안 되어 전달 효과가 약하게 됩니다. 필요할 때마다 강하고 높은 톤으로 강조하는 것이 좋습니다. 시종일관 높고 큰 목소리로 말하면 피곤하고 개미 목소리로 자신 없게 말하면 내용에 신뢰가 떨어지고 참석자들이 빨리 끝났으면 하고 하품을 하게 됩니다.

▍반대 의견을 사전에 예상해 보고 답을 준비한다.

PT는 설득하는 것이기 때문에 발표 내용을 검증하기 위하여 문제될 것 같은 내용을 질문하는 것이 일반적입니다. 그래서 나올 수 있는 예상 질문을 미리 생각해 보고 메모를 한다든가 자료를 별첨으로 준비하는 것이 좋습니다.

어떤 PT자료를 보면 10페이지 본문에 첨부가 수십 페이지가 붙어 있는 것을 보는데 전반적으로 PT의 맥을 못 짚고 불안해서 생각나는 모든 것을 준비해 놓은 결과인데 효과적이지 못하므로 지양해야 합니다.

질문에 대한 답을 할 때에도 질문한 의도를 생각하여 맥을 짚어서 필요한 답을 정확하게 해야 합니다. 정곡을 찌르지 못하고 관계된 내용을 모두 주저리주저리 답을 하는 것은 신뢰를 못 주기 때문에 또 다른 질문을 유발하게 됩니다.

답하는 태도도 앞에 커뮤니케이션에서 말한 바와 같이 'not~

because~'보다 'yes~ but~'의 형식으로 질문자의 질문을 존중하면서 답하는 것이 좋습니다.

▍각 장별로 시사점과 중요도에 따라 발표 시간을 정한다.

PT자료는 각 장마다 전달하고자 하는 시사점이 있고 각 장의 중요도가 모두 다릅니다.

이해를 돕기 위하여 PT에 30분간이 주어져 있을 때 샘플로 장표의 구성과 발표 시간과 페이지 수를 참조용으로 만들어보았습니다. 30분이면 질의응답 시간을 10분을 고려하여 발표 시간을 20분으로 잡았습니다.

발표자가 직접 페이지를 넘기지 않고 넘겨주는 보조자가 있을 경우에는 발표 시작 전에 각 장의 발표할 내용의 예상 소요시간을 공유하면 발표할 때 훨씬 손발이 잘 맞게 됩니다.

물론 PT의 목적과 내용, 참석자가 실무인지, 경영층인지, 고객인지에 따라 구성이 많이 다릅니다.

내 용	페이지 수	발표시간
비즈니스 환경(고객, 회사, 경쟁사 등)	1	2분
현상 및 문제점	2	4분
해결책/방법(As-is 대 To-be)	3	7분
효과(benefit)	1	3분
투자비용(비용대비 효과 등)	1	2분
추진 일정	1	1분
추진 조직도	1	1분
계	10	20분

▍발표 내용을 완전 숙지하여 자신감으로 무장해야 한다.

PT에 있어서 가장 중요한 것을 들라면 내용을 완전히 숙지하는 것입니다. 앞에서 언급한 시선, 손동작, 목소리 톤, 자신감, 질문에 대한 답 등 모두가 내용을 얼마나 아는가에 달려 있습니다. 어떤 발표자는 가지고 온 원고를 읽는다든가 적어놓은 메모를 곁눈질해 가면서 발표하는데 발표자에 대한 신뢰가 떨어져 설득력이 약해질 수 있습니다.

PT를 들어 보면 어떤 직원은 샘물에 물이 철철 넘치듯 자신감에 차서 발표하는 직원도 있고 메마른 우물에서 바가지로 박박 긁듯이 겨우 겨우 발표를 하는 직원들로 대비됩니다.

PT에 들어가기 전에 내용을 완전 숙지하여 차트를 안 보고도 거의 PT가 가능할 정도로 준비를 해야 합니다. 마음속으로는 '우리 회사에서 이 내용을 나보다 더 잘 아는 직원은 없다'라고 생각하며 자신감으로 무장합니다.

▎제대로 잘할 때까지 리허설한다.

고객에게 제안서 발표 PT를 하든가 회사의 경영층에게 PT를 하는 것처럼 중요한 PT는 혼자서 또는 동료들과 함께 몇 번 리허설을 해보는 것이 좋습니다. 실제로 해보는 것과 생각만 하고 PT에 임하는 것은 자신감과 결과에 있어서 매우 다릅니다. 동료들이 배석해 있다면 실제로 질의응답도 리허설이 가능합니다. 핸드폰으로 동영상을 찍게 하여 자기가 하는 모습을 직접 보는 것도 매우 효과적입니다.

다음에 있는 양식은 PT하기 전 발표할 직원과 리허설하면서 결과를 평가한 워크시트입니다. 적어도 80점 이상이 될 때까지 리허설을 몇 번이고 반복하는데 PT를 몇 개 진행하다 보면 나중에는 한 번만 리허설해도 충분하게 됩니다.

다음 양식은 PT의 내용과 발표자의 경력에 따라 각자 항목을 바꾸거나 가중치를 바꾸어 사용하면 됩니다. 각 항목에 대하여 발표하는 내용을 들으면서 점수 체크란에 체크하여 합을 구하면 됩니다. 양식과 사용 예는 카페(http://cafe.naver.com/3keys)의 자료실에서 참고하고 다운로드하여 사용하기 바랍니다.

프레젠테이션 평가표(예)

〈프레젠테이션 평가표〉

제목 :
일자 :
발표자 :
평가자 :

체크 항목	가중치	점수 체크		
내용 숙지를 충분히 하고 있는가?	30	10	20	30
각 장의 시사점을 정확히 전달 여부	20	0	10	20
시선의 위치	10	0	5	10
손동작, 포인터 사용 방법	5	0	3	5
발표자의 위치	5	0	3	5
강약의 혼합, 자신 있는 목소리	10	0	5	10
반대 의견과 질문에 대한 답변	20	0	10	20
합 계	100	0		

비 고

▌발표 현장에서의 파도타기

　아무리 준비를 많이 하고 리허설도 충분히 하였더라도 발표 현장에서는 예상치 못한 일들이 많이 벌어집니다. 어떤 페이지를 설명하고 있는데 의사결정자가 다음 페이지를 보고 있다든가 하품을 한다든가 하면, 완전히 이해를 했든가 아니면 흥미가 없다는 표시이므로 그 장은 빨리 설명하거나 생략해야 합니다. 또 어떤 페이지에서는 참석자들이 질문을 하고 관심도가 매우 높으면 조금 더 설명해도 됩니다.

　필자는 이런 것을 '파도타기'라고 부르는데 이것은 PT경험을 축적해 가면서 터득하는 수밖에 없습니다.

▌발표 후에는 참석한 동료나 팀장으로부터 피드백을 들어 본다.

　PT의 성공 여부에 상관없이 가까운 동료나 팀장에게 오늘 한 PT에 대해 피드백을 받아 보고 잘못된 점은 개선하려고 노력합니다.

03. 직원들이 자주 하는 질문과 답

　직원들이 자주 하는 질문과 답은 직원들이 상담하는 내용 중에서 이 책과 관련이 있으면서 가장 빈번하게 하는 질문 몇 가지를 정리해 보았습니다. 답을 만들어보았는데 상황에 따라 다를 수 있음을 감안하여 참조하시기 바랍니다.

　질의응답을 읽고 추가적으로 이 책의 내용과 관련된 궁금한 질문이 있으면 다음에 있는 카페를 방문하거나 스마트폰으로 다음 QR코드를 스캔하여 질문을 남기시기 바랍니다. ① 신로, 비전, 자기 개발 ② 조직(적응), 인간관계 ③ 업무 문제 해결 ④ 보수, 가정, 건강 등으로 구분하여 올리도록 되어 있습니다.

　질의응답은 독자들 간의 의견 교환을 위하여 만들었습니다. 물론 필자도 답을 하겠지만 시간이 허락하지 않으면 다음 개정판이나 카페의 공통 질문 내용에 수록하여 독자들이 참조하도록 하겠습니다.

PC에서 다음 주소로 방문하면 카페에 질문을 남길 수 있습니다.
http://cafe.naver.com/3keys

스마트폰으로 다음 QR코드를 스캔하여 방문하면 질문을 남길 수 있습니다.

진로, 비전

(Q) 회사의 비전이 무엇이며 왜 중요한가요?

(A) 회사의 비전은 나의 미래의 꿈을 실현시켜 주고 사회 공동체를 위한 가치를 추구하는 것입니다. 비전이 있다는 것은 미래의 희망과 꿈이 있다는 것이고 이것은 미래의 나의 발전과 기회와 매우 밀접합니다. 또한 회사를 통하여 공동체에 내가 어떤 가치를 창출하여 기여하는가? 하는 것이 매우 중요합니다.

유통 회사를 예로 들어보겠습니다. 유통 회사가 없으면 고객들이 배추를 사기 위하여 밭으로 직접 찾아다녀야 할 것입니다. 고객들의 시간을 절약하며 원스톱(one stop) 쇼핑을 가능하게 해주는 가치를 주는 것이 유통 회사입니다. 이 책의 1장에서 직원이 주인의식을 가지는 것이 얼마나 중요한가에 대하여 강조하였습니다. 그런데 비전이 없으면 직원들에게 나의 회사라는 주인의식이 약해져서 제대로 성과를 만들어 낼 수 없고 수동적으로 일하는 회사가 되어 회사도 발전을 못하게 됩니다.

(Q) 회사 다니는 목적이 무엇이며 직원 입장에서 보면 좋은 회사는 어떤 요소가 중요한가요?

(A) 회사를 다니며 이윤을 창출하여 회사와 사회 공동체에 기여한다는 보람이 중요합니다. 내가 회사를 통하여 가치를 창출하여 사회에 기여하게 되고 이것이 나의 성취감과 연결됩니다. 업무를 통하여 스킬을 익히게 되어 미래에 대비한 나의 자산이 점점 커지면서 내가 성장할 수 있는 기회가 많아지게 됩니다. 스킬이 쌓이면 회사에 대한 기여도가 커지고 나의 소득도 올라가게 됩니다. 내가 회사 일에 만족하고 소득이 높아지면 결국 가정이 행복해집니다.

회사에 다니면서 월급도 중요하지만 일의 성취감, 함께 일하는 동료들과의 공동체 생활, 회사의 조직 문화 등이 직원 입장에서 좋은 회사가 되기 위한 중요 요소들입니다.

(Q) 앞으로의 진로 방향을 못 잡고 있습니다. 현재 하고 있는 컴퓨터 일이 적성에 잘 맞지 않는 것 같습니다. 적성에 안 맞으면 지금이라도 다른 직종으로 옮겨야 하나요? 잘하는 분야와 하고 싶은 분야가 있는데 어느 것이 중요한가요?

(A) 지금 하고 있는 일이 잘하고 있고 하고 싶은 분야라면 제일 좋습니다. 그러나 모든 직장인들이 모두 여기에 해당하는 것은 아닙니다. 오히려 적성에 안 맞는데 직업이다 보니까 일하고 있는 직원들도 많이 있습니다.

PC 보는 것을 좋아한다고 컴퓨터를 직업으로 가지는 경우는 다릅니다. 컴퓨터 일을 하려면 논리적으로 분석하는 역량이 무엇보다도 중요합니다. 논리적으로 분석하는 것이 적성에 안 맞는다면 컴퓨터 일을 직업으로 선택해서는 안 됩니다. 직종에 따라서 차이는 있겠지만 도저히 적성이 안 맞아서 성과가 나지 않는다면 전직을 고려해 보는 것도 하나의 방법입니다.

(Q) 지난달 입사하였습니다. 신입사원으로서 회사생활을 어떻게 해야 하나요?

(A) 앞에서 강조한 바와 같이 스킬 향상, 동료와의 관계, 고객과의 관계가 잘 되도록 노력하기 바랍니다. 이 세 가지를 잘하여 자신의 이미지를 좋게 만들어야 직장생활을 잘할 수 있습니다. 회사에 입사해서 1년 이내에 자신의 이미지의 90%가 형성되고 다시 6개월 이내에 90%가 형성됩니다. 그래서 입사하여 처음 6개월이 매우 중요합니다.

특히 입사하면 선배 사원들은 습관이 되어서 잘 못 느끼는 불편하거나 개선해야 하는 사항들이 많이 눈에 보입니다. 개선해야 한다고 생각하면 적극적으로 회사에 건의하시기 바랍니다.

(Q) 입사한 지 5년 되었습니다. 회사생활을 하면서 어디에 역점을 두어야 하나요?

(A) 회사생활을 하면서 한두 부문에서 경험했을 것입니다. 40세 이후의 회사생활을 위하여 스킬 향상에 더욱더 힘을 기울여야 합니다. 일을 열심히 하는 것도 중요하지만 어떻게 하면 잘할 수 있을까를 생각하며 맥을 짚으면서 일하는 습관을 들여야 합니다. 특히 전략적 사고방식을 하도록 훈련해야 하며 동료들 관계에서 후배 사원을 배려하고 도와주는 자세가 중요합니다.

(Q) 곧 40대가 됩니다. 향후 진로가 걱정됩니다.

(A) 40이 가까이 오면 리더의 위치에 있게 됩니다. 자신이 책임져야 할 팀과 직원들이 생깁니다. 직원들의 스킬 향상, 동료들과의 관계, 고객들과의 관계를 잘할 수 있도록 지도하고 솔선수범해야 합니다. 스킬을 거의 완성하고 동료들의 롤모델(role model)이 되고 고객들이 자신의 가치를 인정할 정도의 위치에 가야 합니다.

현재 자신이 하고 있는 직업이 향후 10년 이상 경쟁력을 가질 것인지 한번 생각해 보아야 합니다. 경쟁력이 약하다고 생각하면 경쟁력을 가질 수 있도록 계획을 세워서 실행해야 하고 아니면 대안을 고려해야 합니다.

(Q) 현재 하고 있는 일이 가치가 없고 나의 발전에 전혀 도움이 안 될 것 같습니다.

(A) 직장생활을 하면서 가장 중요한 것이 스킬, 동료와 관계, 고객과의 관계입니다. 스킬이라 함은 실제 업무를 하면서 습득되는 것입니다. 지금 하고 있는 일이 어떤 일이더라도 위의 세 가지에 기여하여 장래 귀하의 좋은 자산의 일부가 될 것이라고 생각합니다.

그래서 무의미하다고 부정적으로 생각하면서 일하면 장래 자신에게 아무 도움도 되지 않으면서 직장생활이 현재의 생계를 유지하기 위한 수단밖에 안 됩니다.

자기 개발

(Q) 업무에 바빠서 자기 개발이 어렵습니다. 자기 개발을 어떻게 해야 할지요?

(A) 우선 강의실에 앉아서 강의를 들어야 자기 개발이 된다는 생각을 바꾸어야 합니다. 자기 개발은 강의를 듣는 것뿐만 아니라 자습, OJT를 통해서 할 수 있고 실무를 통하여 자기 개발하는 것이 가장 효과적입니다. 자기 개발은 회사와 팀장과 자기 자신의 공동 책임이지만 자기 자신의 책임이 가장 큽니

다. 그래서 일하면서 자기 개발을 하고 시간이 부족하면 반 휴라도 내면서 자기 개발을 하는 열성이 있어야 합니다.

자기 개발은 중요하지만 급하지는 않습니다. 그래서 업무가 바쁘게 되면 자기 개발을 못하게 되는 것은 당연합니다. 그러나 급한 일을 처리하면서 자기 개발처럼 급하지는 않지만 중요한 일을 행하는 것을 잘해야 직장에서 크게 성장할 수 있습니다. 급한 일과 중요한 일을 모두 할 수 있도록 균형 있는 직장생활을 하기 바랍니다.

(Q) 팀장이 내가 원하지 않는 내용을 자기 개발하라고 하는데 어떻게 해야 하나요?

(A) 자기 개발은 자기의 선호도에 따라 하는 것이 아니고 비즈니스 요구사항에 따라서 해야 합니다.

팀장이 직원의 자기 개발을 지도하려면,

① 우선 우리 팀의 비즈니스 요구사항에 따라 어떤 스킬이 필요한지 분석해야 합니다.

② 다음에는 우리 팀 직원들이 어떤 스킬을 보유하고 있는지 정리해 봅니다.

③ ②-①을 하면 팀에서 부족한 스킬이 무엇인지 알 수 있습니다.

④ 이 부족한 스킬을 직원들로 하여금 개발하게 할 것인지

외부에서 아웃 소싱할 것인지 결정합니다.
⑤ 직원들로 하여금 개발하게 할 경우 각 개인의 향후 진로 계획을 참조합니다.

이와 같이 스킬 개발 계획이 만들어지기 때문에 회사에서의 자기 개발은 자기가 하고 싶은 전공을 공부하는 학교와는 다르다는 것을 유념해야 합니다. 각 개인은 우선 회사의 비즈니스 요구사항을 만족시킨 다음에 자기의 선호도를 고려해야 합니다.

(Q) 산업 스킬과 전문 스킬은 무엇이 중요한가요?
(A) 단기적으로 업무를 제대로 수행하기 위해서는 전문 스킬이 필수입니다. 전문 스킬은 이 전문 기술을 포함하고 있는 전체를 이해하고 원리를 이해할 때 더욱더 가치(value)가 크게 됩니다.

그러나 중장기적으로 회사에서 자신이 제대로 발전하기 위해서는 자신이 소속되어 있는 산업(금융, 제조, 유통 등)의 업무 흐름을 숙지해야 합니다. 회사의 전략과 영업 등 업무 프로세스가 산업에 따라 다르고 주요 창의적 혁신은 산업을 이해할 때 가능하게 됩니다. 또한 산업 스킬을 익히려면 시간이 많이 소요되므로 산업 스킬을 중요시해야 합니다.

(Q) 협상 스킬에서 무엇이 중요하나요?

(A) 상대방과 협상을 할 때는 일방적으로 밀어붙이는 것이 아니고 항상 윈윈(win win)하는 방법을 찾아야 합니다. 각자 하고자 하는 목적(wish list)을 놓고 공통 목적이 무엇인지 찾아보아야 합니다. 그리고 협상에 실패하더라도 마지막까지 관계를 깨지 않는 것이 좋습니다.

(Q) 우리 회사에서 근무하면서 영어 사용할 일이 없는데 영어를 꼭 해야 하나요?

(A) 우리나라는 수출입 의존도가 매우 큰 나라 중에 하나입니다. 앞으로 점점 글로벌화 되어 갑니다. 현재 회사에 근무하면서 영어가 필요 없다고 해서 영어를 게을리 해서는 안 됩니다. 영어를 잘하려면 많은 시간과 연습이 필요합니다. 장래에 자신에게 좋은 기회가 주어졌을 때 영어가 안 되어 기회를 놓치는 일이 있어서는 안 되겠습니다.

인간관계

(Q) 직장에서 싫은 사람과 함께 일하거나 마주치기가 싫은데 어떻게 해야 하나요?

(A) 누구나 싫은 사람과 만나는 것은 괴롭습니다. 싫은 친구 같으면 안 만나면 되는데 직장생활에서 일하려면 피할 수가 없으니 어려운 일입니다.

우선 싫은 관계를 만들면 안 됩니다. 직장생활에서 쉽지는 않지만 다음 생각을 하고 습관화하면서 원만한 동료 관계를 유지해야 합니다.

- '주위의 동료가 잘되면 나도 잘 된다'라는 생각으로 동료들을 진심으로 지원하고 가까이 하면 자신의 좋은 이미지에 대한 동전이 하나씩 저금됩니다.
- '나는 동료들의 자원(resource)'이라는 생각을 하면 경청을 하게 되고 배려심이 생겨 동료 관계가 좋아집니다. 상대방 입장으로 배려하고 생각하면서 말하면 마음과 마음이 통하고 공감을 하게 됩니다.
- 동료들과 관계가 좋지 않다면 나 자신에게도 무슨 문제가 있는지 함께 살펴보아야 합니다. 보통 쌍방 과실이 많으니까요.

이런 생각과 자세로 동료들을 대하게 되면 좋은 관계로 발전하게 됩니다. 직장에서는 혼자서 일할 수 없기 때문에 싫은 동료도 피하지 말고 함께 일하는 방법을 찾아서 나부터 노력하는 것이 현명한 방법입니다.

(Q) 현업이나 고객과 잘 지낼 수 있는 방법이 무엇인가요?

(A) 가장 기본이 되는 것은 고객을 가슴에 담고 진심 어린 서비스를 하는 것입니다. 커뮤니케이션(communication)을 할 때 우리 부서나 내 중심으로 해서는 안 됩니다. 고객의 입장에서 또는 비즈니스 요구와 비즈니스를 중심으로 대화해야 합니다. 현업이나 고객의 요구가 있을 때는 바로 응답해야 하고 약속을 반드시 지켜야 합니다.

현업이나 고객에게 나의 솔루션과 상품을 판매할 경우에 처음부터 상품에 대한 설명보다는 다음 단계를 밟아서 판매하는 것이 성공률도 높고 현업이나 고객과의 관계도 좋아집니다. 만약 레이저 포인터가 달린 볼펜을 판매한다고 가정해 봅니다.

【1단계】 인사 : "오늘 날씨가 좋습니다." "오늘 넥타이 색깔이 좋습니다" 등의 인포멀(informal)한 인사부터 "요즘 날씨가 더워서 영업이 잘되겠네요." "지난번 4분기 영업 최우수상 받은 것을 축하합니다" 등의 비즈니스 인사가 있습니다.

【2단계】 흥미 유발 : "프레젠테이션할 때 포인터 사용이 매우

중요한데 포인터는 어떤 것을 사용하나요?"
"레이저 포인터를 주로 사용합니다."

【3단계】 니즈 파악 : "레이저 포인터 사용할 때 어떤 점이 불편한가요?"
"사용 후 분실을 많이 합니다."

【4단계】 상품 소개 : "신제품으로 레이저 포인터를 겸한 볼펜이 나왔습니다."

【5단계】 기능과 효과 : "볼펜 꽂이 위에 레이저 포인터가 있어서 항상 휴대가 가능하고 사용 후 분실 위험이 없습니다." "기능이 결합되어 있어 비용이 저렴합니다" 등.

【6단계】 결론 : "어떤 컬러의 볼펜을 좋아하시나요?" "언제 계약서를 작성할까요?"

(Q) 팀 분위기를 좋게 할 수 있는 방법이 무엇인가요?

(A) '팀이 잘되면 나도 더불어 잘된다'는 생각으로 팀원들에게 배려와 공동체 정신으로 대해야 합니다. 커뮤니케이션을 할 때에도 '나는 팀원의 자원(resource)이다'라는 생각으로 경청해야 합니다. '우리는 한 배를 타고 같은 목표를 향해 간다'라는 생각이 중요한데 목표와 각자의 역할을 서로 명확하게 공유하고 공감(empathy)하여 마음과 마음이 통해야 합니다. 일과

후에 간단하게 맥주 한잔 한다거나 인포멀한 프로그램을 운영하는 것도 좋은 방법입니다.

(Q) 팀장이 잘못하는 것이 분명한데 아래 직원으로서 말하기가 어렵습니다. 그대로 참고 지내야 하나요?

(A) 윗사람의 잘못을 지적하여 말한다는 것은 혹시 미움을 사게 될 것을 우려하여 쉽지 않은 행동입니다. 더구나 회의할 때 많은 직원 앞에서 윗사람의 잘못을 말하게 되면 자존심 문제로 인하여 논쟁으로 비화될 수 있습니다. 둘이 만나서 'not~ because~'보다 'yes~ but~'의 화법을 사용하면서 비즈니스 입장에서 또는 팀장 입장에서 건의하면 오히려 팀장이 감사하게 생각하면서 개선을 하게 되는 경우가 많습니다. 특히 정도 경영에 위배되는 사항이 있으면 반드시 건의하여 시정해야 합니다.

우리 팀장이 타 부서가 건설적인 의견을 내더라도 항상 타 부서의 의견을 무시하는 경향이 있어서 우리 부서 실무자들이 타 부서의 협조를 얻기 힘든 상황입니다. 이럴 경우 어떻게 팀장에게 조언할 것인가를 예를 들어 보겠습니다.

① "타 부서로부터 많은 지원 요청이 들어오는데 팀장님이 우리 팀의 업무량을 조절하기 위하여 노력을 많이 하고

있는 것에 대하여 감사하게 생각합니다."

→ yes~ 화법입니다.

② "그러나 팀장님이 항상 반대하는 사람으로 인식되어 팀장님의 좋은 의견도 반대를 위한 반대 의견으로 취급되는 경우가 많습니다. 게다가 실무진에서 타 부서의 협조를 얻기가 매우 어려운 일도 발생하고 있습니다."

→ but~ 화법입니다.

③ "또한 팀장님이 앞으로 부문장님이 되실 분인데 타 부서에게 팀장님의 이미지가 이렇게 부정적으로 비추어지는 것은 바람직하지 않다고 봅니다."

→ 팀장 입장에서 말합니다.

④ "그래서 앞으로 10건이 나오면 비즈니스 기준으로 반드시 문제가 되는 2~3개만 반대하시고 나머지는 건설적으로 협조하여 주시는 것을 고려하셨으면 합니다."

→ 비즈니스 기준을 강조합니다.

(Q) 팀장인데 아래 직원이 잘못하는 것을 지적하려니까 쉽지 않습니다. 좋은 방법이 없을까요?

(A) 팀장으로서 아래 직원이 잘못할 때 반드시 지적하여 개선해 주어야 합니다. 그런데 간혹 공개적으로 지적할 필요도 있지만 많은 직원들 앞에서 모욕을 주면서 지적하는 것은 바

람직하지 않습니다. 비즈니스를 기준으로 직원 입장에서 말하면 직원과의 관계도 유지하면서 개선시킬 수 있습니다. 만약 사원이 자주 지각을 한다면, "회사에 정시에 출근하는 것은 입사 시 고용 조건에서 동의한 사항이기 때문에 회사와의 약속입니다. 약속을 지키지 않게 되면 회사나 동료들로부터 신뢰를 잃게 됩니다. 신뢰를 잃게 되면 어느 회사 어느 조직에서 일하든지 성공할 수가 없습니다"라고 조언을 하면 직원은 반감을 덜 가지면서 개선을 하게 됩니다.

조직 적응

(Q) 곧 새로운 부서에 가서 일해야 하는데 새로운 부서에 잘 적응할 수 있는 방법이 무엇인지요?

(A) 새로운 부서에 잘 적응하여 성공적으로 업무 수행을 하려면 자신의 이미지를 좋은 방향으로 만들어야 합니다. 이미지는 처음 6개월 이내에 거의 완성되므로 처음 6개월간 많은 노력을 해야 합니다. 이 책에서 강조한 여러 기본자세가 중요하고 스킬 향상과 동료와의 관계, 고객과의 관계를 개선하여 신뢰를 받을 수 있도록 노력하시기 바랍니다.

(Q) 현재 일하고 있는 부서의 상사 때문에 회사를 옮기고자 하는데 어떨지요?

(A) 회사를 다닐 때 보수와 동료와의 관계, 조직 문화, 나의 성장 기회 등이 중요합니다. 즉 회사의 비전이 무엇보다도 중요합니다. 단지 상사와의 관계가 나쁘다고 회사를 옮기는 것은 바람직하지 않습니다. 조직은 매년 변경될 수도 있고 다른 회사로 갔을 때 현재의 상사보다 더 나은 상사를 만난다는 보장이 없기 때문입니다. 특히 상사와의 갈등이 있으면 내 자신은 잘못이 없는지 스스로 점검해 보는 것도 중요합니다.

(Q) 이번에 대리로 진급하여 파트 리더가 되었습니다. 사원 때와는 무엇이 다른가요?

(A) 사원 때는 자기 일만 하면 되었지만 파트 리더가 되면 더욱 주인의식을 강화하고 동료들에게 신뢰를 줄 수 있도록 솔선수범해야 하고 전략적 사고방식으로 일하는 것이 중요합니다. 왜냐하면 사원 때와는 다르게 동료와 후배를 배려하는 리더십이 점차 중요시되기 때문입니다. 스킬 향상과 동료와의 관계, 고객과의 관계를 사원 시절보다 더욱더 정진해야 합니다.

(Q) 워킹맘입니다. 애들 문제 때문에 어쩔 수 없이 자리를 비워야 하는 등 팀원들에게 미안한데 어떻게 일하는 것이 좋을지요?

(A) 과거에 여직원들은 시어머니와의 관계 때문에 상사의 지시를 못 지키는 경우도 많았습니다. 현재는 과거보다 환경이 많이 좋아졌지만 보육 시설 등 아직 인프라가 충분하지 않아서 워킹맘들의 어려움이 많이 있습니다.

가장 중요한 것은 나로 인하여 부근의 동료들에게 짐이 되지 않도록 해야 한다는 것입니다. 그러나 애들이 아프다든가 하면 어쩔 수 없이 자리를 비워야 합니다. 그래서 평상시 맥을 짚어서 더 열심히 일하여 주변 동료들이나 팀장의 인정을 받는 것이 중요합니다. 갑자기 일이 생겨 자리를 비우더라도 동료들이 '원래 열심히 잘하는 직원인데 애 때문에 어쩔 수 없는 일이니까 내가 잘 도와주어야지'라는 생각을 가지고 도와주도록 자신의 이미지를 관리해야 합니다. 그리고 예측되는 일(예방 주사 접종 등)이 있으면 며칠 전에 구성원과 팀장에게 말하여 사전에 양해를 구하는 것이 좋습니다. 특히 자신이 감당하기 어려운 상황이 발생하면 혼자 고민하지 말고 팀장하고 상의하는 것이 바람직합니다.

(Q) 부하 직원이나 상사 중에서 어떤 직원과 상사를 좋아하나요?

(A) 지시를 하지 않아도 스스로 동기화(empower)되어 능동적이고

선행적으로 일하는 직원을 좋아합니다. 지시에 따라서 그것만 수행하는 직원은 문제가 터지면 그때서야 일을 후행적으로 처리하기 때문에 항상 불안합니다.

좋아하는 직장 상사는 부하 직원이 어려울 때 기꺼이 즐거운 마음으로 지원해 주고 보완해 주는 상사입니다. 나쁜 일이 있을 때 직접 나서서 막아주고 좋은 일이 있을 때는 부하 직원을 앞세워서 칭찬해 주는 리더입니다. 그래서 리더들은 어려운 일이 생기면 부하 직원을 앞세우고 좋은 일이 있으면 자신이 나서는 일이 있어서는 안 됩니다.

보수

(Q) 선배 사원들이 회사 급여만으로 생활이 어렵다고 합니다. 급여를 더 준다는 회사로 가고 싶은데 어떤가요?

(A) 급여는 많이 받을수록 좋겠지만 회사를 다니면서 급여 이외의 다른 중요한 요소도 고려해야 합니다. 회사에서 함께 일하는 동료들이 어떤지, 회사의 조직 문화가 어떤지, 나의 미래를 위하여 스킬을 개발하고 성장할 기회가 있는지 등입니다. 그리고 회사가 예산을 고려하여 운영하는 것과 동일하게 가정에서도 주어진 수입에 맞추어 살림을 꾸려 나가야 합니

다. 회사를 다니면서 큰 부자가 될 확률은 없습니다. 큰 부자가 되려면 리스크를 감수하고 사업을 해야 합니다.

(Q) 작년에 업무 성과가 탁월했지만 연봉 등급은 B입니다. 잘못된 것 아닌가요?

(A) 연봉을 결정하는 요소들을 보면 1년간의 성과와 그 직원의 경쟁력(역량, 일하는 자세 등)입니다. 직원의 경쟁력이라 함은 내부 직원들과 비교하기도 하지만 업계에서 이 직원이 다른 직장으로 전직할 때 받는 연봉의 수준입니다. 그래서 작년에 업무 성과가 탁월하다고 해서 연봉 등급이 항상 S이고, 업무 성과가 안 좋았다고 항상 C가 되는 것은 아닙니다.

연봉 등급에 너무 민감하기보다는 어떻게 성과를 만들고 스킬 개발, 동료들과의 관계, 고객 관계를 개선해서 자기의 경쟁력을 높이는 것이 중요합니다.

(Q) 우리 회사에 경력 사원으로 입사했는데 희망 연봉을 받지 못하고 입사했습니다. 회사의 조직 문화가 좋아서 입사는 했지만 좀 서운합니다.

(A) 경력 사원을 채용할 때 입사 지원자의 희망 연봉을 참조하지만 그대로 주기는 쉽지 않습니다. 왜냐하면 기존에 일하고 있는 직원들에게 적용하고 있는 연봉 체계를 고려해야 합니

다. 또한 입사하고자 하는 지원자는 자신이 충분히 경쟁력이 있다고 생각하지만 새 직장에서 바로 증명할 수가 없습니다.

연봉 하나만 고려해서 회사를 결정하지 않고 조직 문화 등 다른 요소들을 고려한 것은 잘한 것입니다. 연봉에 대하여 서운함을 빨리 잊어버리고 새로 맡은 업무에 정진하여 앞으로 나의 경쟁력이 새 직장에서 나타날 수 있도록 노력하는 것이 우선입니다.

업무 문제 해결

(Q) 항상 업무에 쫓기면서 일하고 있습니다. 가끔 중요한 일도 놓쳐서 혼이 날 때도 있습니다. 좋은 방법이 없을까요?

(A) 같은 업무량이라 하더라도 무엇을 먼저 하느냐에 따라 업무 효율이 다릅니다. 즉 우선순위에 따라 일을 해야 합니다. 또한 열심히 하는 것도 중요하지만 업무의 맥을 짚어 일해야 합니다. 미래에 일어날 일을 예견하여 사전에 선행적으로 일을 처리하게 되면 보다 여유가 생기고 업무의 품질도 높일 수 있는 장점이 있습니다.

일에는 급한 일과 중요한 일이 있는데 보통 급한 일 우선으로 하게 됩니다. 급하지는 않지만 중요한 일에도 시간을 할애할 수 있어야 합니다. 쉽지는 않지만 유능한 직장인이 되려면 급한 일과 중요한 일을 균형 있게 처리하는 역량을 키워야 합니다.

일을 처리하는 도중에 향후 이슈가 될 것 같은 사안들은 시간을 놓치지 않고 적시에 에스컬레이션하고 액션(action)을 취해야 합니다. 타이밍을 놓치게 되면 일이 크게 확대되어 회사에 손해를 끼칠 수 있으니 조심해야 합니다.

(Q) 문제가 발생하였을 때 문제 관리를 어떻게 하는 것이 좋습니까?
(A) 현장에서 팩트(fact)를 조사해서 원인을 찾아야 합니다. 향후 문제가 크게 될 가능성이 있으면 선행 관리를 하면서 윗사람에게 에스컬레이션을 해야 하는데 팩트 보고는 정도 경영 차원에서 중요합니다. 사전에 예방하여 문제가 안 일어나면 좋겠지만 일단 문제가 발생하였을 때 어떻게 해결하느냐에 따라 결과는 매우 다를 수 있습니다.

(Q) 프로젝트 관리를 하는데 예산도 적고 시간도 충분하지 않습니다. 리스크가 많은데 어떻게 해야 하나요?
(A) 프로젝트는 정해진 기일 내에 예산범위 내에서 좋은 품질을 유지하여 완성해야 합니다. 본래 회사 일은 주어진 자원 내

에서 목표를 달성하도록 전략을 세워야 하고 창의적 혁신 활동을 해야 합니다. 프로젝트 하기 전에 반드시 리스크 분석을 하고 리스크가 예상될 때에는 이에 대한 보완책과 비상 대책(contingency plan)을 세워놓아야 합니다. 이미 프로젝트가 진행되고 있는데 리스크가 예상되면 혼자서 해결하려고 고민하지 마시고 프로젝트 책임자에게 에스컬레이션을 하여 대책을 세우는 것이 좋습니다.

프로젝트의 후반부로 갈수록 시간이 더 부족하므로 가동 일자를 맞추려고 무리하다 보면 품질이 떨어져 크게 낭패할 수 있으므로 리스크가 보이면 가능한 일찍 판단하여 선행적인 액션을 취하는 것이 좋습니다.

(Q) 장기 프로젝트에서 아직 3개월이 남아 있는데 구성원들이 지쳐 있고 구성원들의 가족들도 불만이 많습니다. 개선할 수 있는 방법이 있나요?

(A) 프로젝트를 어렵게 하는 원인들을 찾아내어 개선하고 구성원들과는 더욱더 밀접하게 커뮤니케이션(communication)을 해야 합니다. 개인적으로 고충 상담을 하여 고충이 있으면 해결하려는 노력도 해야 합니다. 집에서 가족들의 이해와 지원도 매우 중요하게 됩니다. 프로젝트 막바지에 이런 문제를 해결하기 위하여 프로젝트 직원들의 아내나 남편에게 다

음과 같은 편지를 보냈는데 대단히 큰 효과가 있었고 무사히 프로젝트를 마칠 수 있었습니다. 참조하시기 바랍니다.

> 이 대리 사우 부인께
>
> 안녕하십니까?
>
> 저는 이 대리 사우께서 근무하고 있는 정보서비스 부문을 맡고 있는 왕영철 상무입니다. 먼저 찾아뵙는 것이 도리인 줄 알지만 부득이 이렇게 서신으로 인사 말씀을 대신하게 됨을 양해해 주시기 바랍니다. 다름이 아니라, 요즘 가중한 업무량으로 인해 함께 있는 직원들과 가족 분들이 너무나 고생이 많은 것 같아 생각 끝에 이렇게 펜을 들게 되었습니다.
>
> 작년 1월부터 우리 회사에서는 회사의 영업력 향상을 위한 전사적인 프로젝트를 진행하고 있습니다. 이 프로젝트는 실행 기간만도 1년 3개월이나 소요될 뿐만 아니라 앞으로 우리 회사가 일류회사로 거듭나기 위해서는 반드시 거쳐야 할 매우 중요한 프로젝트입니다. 이 프로젝트에 이 대리 사우께서 중요한 임무를 맡아 참여해 주고 있습니다. 이로 인한 이 대리 사우의 잦은 휴일 근무와 늦은 퇴근으로 인하여 가족 분들의 상심이 매우 큰 것으로 알고 있습니다.
>
> 직장 상사로서 맡은바 임무를 성실히 수행해 주는 이 대리

사우의 모습을 보면 마음 든든하기 그지없지만 그로 인해 피해를 보게 되는 가족들을 생각하면 죄송한 마음을 가눌 길이 없습니다. 하지만 다행스럽게도 이제 프로젝트 중 하나는 거의 마무리되어 가고 있고 나머지는 막바지에 이르러 3월이 지나면 대부분 안정화될 것으로 기대하고 있습니다.

상심이 크시겠지만 조금만 더 참고 신뢰와 격려를 보내주신다면 반드시 성공적인 프로젝트 수행으로 이 대리 사우에게는 보람된 직장으로 가족 분들께는 든든한 버팀목으로 우리 회사가 자리잡을 수 있도록 하겠습니다. 특히 이 프로젝트의 경험이 이 대리 사우의 장래에 매우 중요한 자산이 될 것이라는 점은 그동안의 제 경험으로 확신하는 바입니다.

'내일을 기다리며 잠자리에 드는 사람이 가장 행복하다'라는 말이 있습니다. 오늘 비록 힘들지만 회사와 가족의 내일을 위해 한 몸을 아끼지 않고 있는 이 대리 사우와 또 넓은 마음으로 이해해 주시고 배려를 아끼지 않으신 가족 분들께 깊은 감사의 말씀을 드립니다.

모처럼의 한파에 세상이 얼어버린 듯한 날씨입니다. 하지만 그만큼 봄도 이제는 멀지 않았다고 생각합니다. 봄날 따스한 햇살 같은 미소와 행복이 가정에 가득하기를 기원하며 가족 분들께 다시 한 번 진심으로 감사의 말씀을 드립니다.

가정과 건강

(Q) 스트레스가 많습니다. 스트레스 해소 방법이 없을까요?

(A) 업무를 하면서 스트레스가 없을 수 없습니다. 회사 업무를 하다 보면 항상 문제가 발생하고 모순이 발생하여 이를 해결하려면 많은 직원들이 필요합니다. 월급의 상당 부분이 스트레스를 받으며 일을 처리하는 대가일 수 있습니다.

그러나 약간의 스트레스는 업무를 하는 데 오히려 도움이 됩니다. 스트레스가 과하게 되면 문제가 됩니다.

스트레스의 해소 방법을 보면,

① 스트레스를 주고 있는 원인을 찾아야 합니다. 예를 들어 제대로 지원하고 있다고 생각하는데 어떤 고객이 항상 불만이고 걸핏하면 내 상사에게 말하기 때문입니다.

② 원인이 되고 있는 사항에서 긍정적인 면을 발견하도록 노력합니다. '고객이 우리 회사와 나에 대한 기대치가 커서 그런 것이지', '내 월급은 고객이 주는 것이지'라는 고객 중심적 생각을 하려고 노력합니다.

③ 원인을 해결하는 방법을 적극적으로 생각하여 액션(action)을 공격적으로 취합니다. 즉 스트레스 원인을 근본적으로 제거하는 작업을 하는 것입니다. 고객의 불만 요인을 재분석하고 면담하고 그를 해결하기 위한 액션 플랜(action plan)을 세워서 액션을 취합니다. 원인이 해결된다면 가장 바람직한 방법입니다.

④ 완전 해소는 안 되지만 잠시 해소할 수 있는 방법도 병행하여 사용합니다. 서너 시간을 원인이 되는 일을 완전히 잊어버릴 수 있는 활동을 합니다. 스트레스 쌓인다고 술을 마신다면 마시는 순간은 도움이 될지 몰라도 술이 깬 후에는 더욱더 스트레스가 강해지는 경향이 있으므로 좋은 방법은 아닙니다. 계속해서 머리를 사용하는 바둑, 당구를 한다든가 테니스나 스쿼시 등 다른 생각을 전혀 할 수 없게 만드는 운동이 좋습니다. 영화를 보더라도 완전 몰입할 수 있는 영화가 도움이 되겠지요.

⑤ 이런 방법들이 효과가 없을 때는 문제가 되는 그 일을 잊어버리고 포기하는 수밖에 없습니다. 내 지원에 문제가 있는 것이 아니고 그 고객은 항상 불만이 있는 고객이라는 것을 확신하면서 나름대로 마음을 정리합니다. 상사에게 고객 불만을 해결하고자 한 액션들을 설명하고 상사와 함께 논의해야 합니다. 조직에 에스컬레이션을 하여 조직과 함께 대처해 나가야 합니다.

(Q) 매일 늦어 가족과 함께 보낼 시간이 많지 않아서 아내의 불만이 많습니다.

(A) 정해진 시간에 정시 퇴근하면 좋지만 회사생활을 하다 보면 그렇지 못한 경우가 훨씬 많게 됩니다. 가정일은 급하지는 않지만 매우 중요한 영역에 있으므로 의식적으로 균형 있게 업무와 가정을 고려하지 않으면 소홀히 될 수 있습니다.

① 아내에게 내가 하고 있는 회사의 상황을 설명하고 나의 업무에 대하여 이해를 시킬 필요가 있습니다. 그리고 지금 하고 있는 업무가 나의 장래에 나의 경쟁력을 높여줄 자산이 되며 지금은 어렵다 하더라도 장래 내가 경쟁력이 있어야 우리 가족이 행복할 수 있다는 것도 알려주어야 합니다.

② 시간이 날 때마다 집안일을 도와주는 노력을 해야 합니다. 주말에 아내가 도움이나 외식을 요청하기 전에 선행적으로 말해서 시행하는 것도 매우 중요합니다.

③ 그래도 해결이 안 되면 혼자서 고민하지 마시고 상사에게 솔직하게 어려움을 말하고 논의하여 도움을 받으시기 바랍니다.

(Q) 건강이 안 좋아서 몇 달간 휴직을 하게 되었는데 쉬는 동안 해야 할 일이 무엇인지요?

(A) 회사에 다니면서 건강은 매우 중요합니다. 시간이 흐를수록

직원들의 역량은 비슷한데 건강에서 차이가 나는 경우가 많습니다. 우선 회사 일은 잊어버리고 건강을 회복하는 일에 전력을 해야 합니다. 회사에 미안하여 회사 일을 걱정한다고 회사에 도움이 전혀 안 됩니다. 오히려 조속히 건강을 회복하여 회사에 복귀하는 것이 회사와 동료를 위하는 것입니다. 무료하다면 회사 다니면서 접하기 어려웠던 책을 본다든가 영어를 연습하는 것도 좋겠습니다. 쉬면서 전에는 몰랐던 회사에서 일한다는 즐거움을 느끼게 된다면 건강해져서 회사에 복귀했을 때 더욱더 즐겁게 회사생활을 할 수 있는 계기가 될 것입니다.

맺음말

정년퇴임을 하면서 항상 바쁘기만 했던 34년간의 직장생활을 마치고 처음으로 여유 있는 시간을 갖기 시작했는데 '이 시간을 어떻게 사용하면 보람되고 좋을까?'라는 생각을 해보았습니다. 평소에 함께 일하는 직원들이 잘되었으면 하는 마음에서 강의와 조언을 많이 했었는데 이와 관련된 전체 내용을 정리하고 싶은 마음이 있었습니다. 그러나 현업에 쫓기다 보니까 제대로 실행에 옮기지 못하였습니다. 그래서 지금 이 시점이 나에게는 그동안 직장생활에서 얻은 노하우를 글로 표현할 수 있는 가장 절호의 기회라는 생각이 들어서 펜을 들게 되었습니다.

막상 시작해 보니까 글재주가 없어서인지 책을 쓰는 것이 쉽지 않다는 것을 절감했습니다. 쓰고 지우기를 반복하면서 두 달간 하루 10시간씩 집중적으로 정리하였습니다. 내용에 집중해서 그런지 종종 꿈에 아이디어가 떠올라 이른 새벽에 글을 쓸 때도 많았습니다. 그리고 직장생활의 기본에 대한 교과서적인 내용이어서 과연 독자들이 관심을 가지고 끝까지 읽어보고 실천할 것인가에 대한 의문이 생겼습니다. 그래서 출판사 편집장님께 "제가 쓴 내용이 너무 딱딱한데 좀 재미있게 표현해 주실 수 있나요?"라고 여쭤보았더니 편집장님께서 정색을 하시며 "이런 내용은 저자의 생각을 그대로 써야지 잘못 수정하면 소설이 됩니다"라고 명쾌하게 답을 주시면서 잘못된 철자와 띄어쓰기만 수정해 주셨습니다.

그래서 독자가 보다 쉽게 이해하고 하나라도 실천할 수 있도록 15가지 기본자세 중의 하나인 고객 중심적으로 책을 쓰자고 마음먹었습니다. 인터넷 카페에 커뮤니티를 만들어 책과 카페가 하나가 되는 디지로그(디지털+아날로그)북을 생각해 낸 것도 그런 이유에서입니다. 카페를 통하여 필자가 지속적으로 독자들과 커뮤니케이션을 하고 독자들끼리 좋은 내용을 공유하고 서로 조언해 주면 그 시너지 효과로 인해 필자의 부족한 점이 보완될 것이라고 기대하고 있습니다.

책을 쓰면서 어려웠던 점은 15가지 기본에 대하여 왜(why) 중요하고, 어떻게 해야 하는지(how to)를 정리하는 것이었습니다. 예를 들어 "열심히 일하는 것도 좋지만 일을 잘하는 것이 더 중요합니다. 즉 맥을 짚어서 일해야 합니다"라고 조언은 많이 했지만 맥을 짚어서 일하려면 어떻게 해야 한다는 말은 하지 않았기 때문입니다.

또 다른 어려웠던 점은 책의 제목을 정하는 일이었습니다. 절대 성공요소 세 가지를 위한 15가지 기본자세를 잘 하면 직장생활에서 결코 실패하지 않는다는 책의 내용은 실제로 필자가 경험한 내용이기 때문에 확신이 있고, 독자들이 책을 읽어보면 반드시 도움이 될 것이라고 믿고 있습니다. 그래서 독자들이 우선 책을 집어들고 차례라도 훑어보게 하려면 어떤 제목이 좋을까 하고 고민을 많이 했습니다. '누가 뭐래도 기본이 경쟁력이다'라는 후보 제목이 있었는데 회사에 함께 근무했던 동료가 좀 더 펀(fun)한 '잘나가는 이 대리, 죽 쑤는 이 과장'이라는 제목을 추천해 주셨습니다. '기본이 경쟁력이다'라는 정답을 보여주는 것보다 '왜 이 과장은 과장인데도 죽을 쑤면서 한계를 느끼고 있을까요?'라는 의문점을 던지면서 기본자세에 대한 여운을 남기는 것이 독자들의 관심을 유발할 수 있다는 이유였습니다. 그리고 대표 성씨 중에서 받침이 없어 부르기 쉬운 이 대리와 이 과장을 선정했습니다. 좋은 제목을 제안해 주신 최수철 부문장님께 감사의 말씀을 드립니다.

 책을 내고 인터넷 카페를 통하여 의견이 수렴되면 향후 개정판에 내용을 일부 수정하고 보완할 수도 있습니다. 특히 독자들이 카페를 통하여 자신의 고민을 많이 올리게 되면 그것을 정리하여 '직원들이 자주 하는 질의응답'에 추가하려고 합니다. 책을 읽은 후에 카페의 '리뷰 쓰기'에 느낀 점과 '저자에게 바란다'에 많은 조언을 남겨주시면 감사하겠습니다.

 필자가 관심을 가지고 있는 다른 하나는 리더들의 육성입니다. 이번에 책을 내면서 리더들이 생각하고 지원해 주어야 할 항목들을 정리하여 간단한 팁(tip) 형태로 실었습니다만 특히 부하 사원들을 관리하는 조직 책임자들을 위한 지침서를 한 권 더 남기고 싶습니다. 책을 쓴다는 것이 너무 힘들어서 현재는 계획이 없지만, 만약 다시 쓴다면 '잘나갔던 이 과장, 죽 쑤는 이 차장'이 후보 제목입니다. 이 차장이 조직 책임자가 아닐 때는 일을 잘 해서 조직 책임자가 되었지만 진급이 된 후에는 조직 책임자로서 역할을 못하고 있다는 뜻입니다.

이제 필자는 필자의 생활로 돌아가려고 합니다. 아무쪼록 이 책이 여러분들의 직장생활에 도움이 되어 여러분 모두 프로가 되기를 기원하겠습니다. 또한 카페를 이용하여 지속적으로 관심을 가지고 커뮤니티에 참여하기를 바랍니다. 후배 직장인들에게 도움을 주었다는 점과 지속적으로 후배 직장인들과 커뮤니케이션 채널이 있다는 점을 필자의 보람으로 간직하겠습니다.

다시 한 번 직장인 여러분들의 건투와 성공을 기원하겠습니다. 감사합니다.

MEMO